CODE GÉNÉRAL

DES

LOIS FRANÇAISES.

SUPPLÉMENT DE 1857.

PARIS,

IMPRIMERIE ET LIBRAIRIE GÉNÉRALE DE JURISPRUDENCE.

COSSE et MARCHAL, Libraires-Éditeurs,

LIBRAIRES DE LA COUR DE CASSATION,

Place Dauphine, 27.

1857

ANNOTATIONS.

Après avoir recueilli toutes les lois, tous les décrets usuels d'intérêt général rendus en 1857, nous avons recherché dans notre Code, avec la plus grande attention, toutes les dispositions antérieures qui pouvaient être abrogées, modifiées ou remplacées par ces nouveaux textes.

Les annotations ou références que nous allons indiquer sont le résultat de ce travail. Si elles sont faites avec soin, suivant nos indications, par chacun de nos abonnés, leur Code se trouvera toujours au courant de la législation nouvelle, comme nous l'avons annoncé dans notre introduction (p. XI.)

Pour éviter à chacun d'eux de perdre un temps précieux, nous avons voulu borner ce petit travail annuel à l'inscription d'un numéro dans chaque partie des textes anciens affectée par les lois nouvelles.

Ces chiffres, une fois inscrits à leur place, ne représenteront rien autre chose qu'une note ordinaire. Seulement, tandis que les notes ordinaires renvoient le lecteur au bas de la page, nos chiffres les renverront au supplément où ils trouveront, sous le numéro indiqué, les dispositions nouvelles concernant la loi ou l'article de loi qu'ils auront à consulter.

1re partie, p.   6. En marge de l'article 35 de la Constitution, *inscrire*   N° 53.
— p. 14. A la fin de la note 2, *inscrire.* . . . .   N° 55.
— p. 14. En marge de l'art. 1er du décret du 2 février 1852, *inscrire.*. . . . .   N°s 53, 54.
— p. 28. Au bas de la section, *inscrire.* . . . . . .   V. Supplément, n°s 53,54,55.
— p. 98. A la suite de la section sur la Cour des comptes, *inscrire*   N° 42.
— p. 105. note 5. Après ces mots : V. au *Supplément, 5e partie,* p...., qui ont été mis par erreur, effacer *5e partie,* p...., et *inscrire.* . . . .   N° 22.

2e partie, p. 126. En marge des art. 2074, 2075, 2078, C. N., *inscrire*   N° 60.
— p. 128. En marge du n° 3 de l'art. 2102, C. N., *inscrire.* . .   N° 66, art. 6.
et en marge du n° 2 de l'art. 2103, C. N., *inscrire*   N° 66, art. 6.
— p. 262. En marge de l'art. 10 du décret du 18 août 1810, *inscrire.* . . . .   N° 19, art. 2.
— p. 264. Au bas de la section, *inscrire.*. . . . .   V. Supp. n° 64.
— p. 373. En marge de l'art. 1er de la loi du 6 prairial, an 7, 2e série, n° 2960 (faire attention qu'il y a deux lois du 6 prairial an 7; l'annotation s'applique à la seconde portant le n° 2960), *inscrire.* . . . .   N° 62, art. 12.
— p. 386. En marge de l'art. 14 de la loi du 5 juin 1850 , *inscrire*   N°s 62,art.6,et 67
— p. 386. En marge de l'art. 15 de la loi du 5 juin 1850 , *inscrire*   N° 62, art. 11.
— p. 390. En marge de l'art. 5 de la loi du 14 juillet 1855, *inscrire*   N° 62, art. 13.
— p. 390. Au bas de la page, *inscrire.* . . . .   V. Supp. n°s 57, 62, 67.

3e partie, p.   6. En marge de l'art. 64 du Code de commerce, *inscrire*   N° 75.
— p. 52. En face de l'art. 631 du Code de commerce, *inscrire*   N° 310.
— p. 58. A la fin de la section, *inscrire.* . . . .   V. Supp. n° 33.
— p. 78. Au bas de la page, *inscrire.* . . . .   V. Supp. n° 51.
— p. 94, note 2, *inscrire.*. . . . .   V. S. n° 58, art. 9.

Voir la suite des annotations à la page 3 de la couverture.

SUPPLÉMENT.

ANNÉE 1857.

42

23 octobre 1856 (11ᵉ série, n° 4102). — *Déc. impérial qui crée une classe d'auditeurs près la Cour des comptes.*

43

15 novembre 1856 (11ᵉ série, n° 4141). — *Déc. impérial qui proroge les dispositions de l'art. 5 du décret du 16 mars 1852 (1), sur la Légion d'honneur.*

ARTICLE UNIQUE. Les dispositions de l'art. 5 de notre décret du 16 mars 1852 (1), sur la Légion d'honneur, continueront à recevoir leur exécution aussi longtemps que nous n'en aurons pas autrement ordonné.

44

1ᵉʳ décembre 1856 (11ᵉ série, n° 4151). — *Déc impérial portant promulgation de la convention littéraire conclue entre la France et le grand-duché de Luxembourg.*

45

30 décembre 1856 (11ᵉ série, n° 4260). — *Déc. sur la décentralisation administrative en Algérie.*

TITRE Iᵉʳ. — ATTRIBUTIONS DU GOUVERNEUR GÉNÉRAL.

ART. 1ᵉʳ. Indépendamment des attributions qui lui sont conférées par la législation spéciale de l'Algérie, le gouverneur général nomme directement, sans l'intervention du ministre de la guerre et sur la présentation des divers chefs de service, aux fonctions et emplois suivants :—Maires et adjoints des communes qui ne sont pas le siége d'un tribunal de première instance ; — Conseillers municipaux de toutes les communes ;—Receveurs municipaux des communes dont le budget est inférieur à trois cent mille francs ; — Commissaires de police des villes qui ne sont pas le siége d'un tribunal civil; — Secrétaires, commis et inspecteurs attachés aux commissariats de police ; — Tout le personnel secondaire du commissariat central de police à Alger ;—Greffier comptable, commis, concierge et gardiens de la maison centrale de l'Harrach; — Le directeur du service de la vaccination publique en Algérie ; — Médecins de colonisation ; — Médecins vétérinaires tenant école de maréchalerie vétérinaire en exécution du décret du 12 juill. 1851 ; — Inspecteurs de quais des ports de commerce ; secrétaires et gardes de la santé des lazarets, gardes-pêche pour les pêcheries maritimes ;—Personnel auxiliaire entretenu du service de l'enregistrement et des domaines ; — Débitants de poudre et de papier timbré ;—Agents et employés du service des bâtiments civils, excepté les architectes en chef ; — Employés des bureaux du service des ponts et chaussées.—Il nomme également :—Les notables appelés à faire partie des commissions consultatives des subdivisions en territoire militaire.

2. Le gouverneur général statue directement, avec l'intervention du conseil de Gouvernement, sur les divers objets d'administration civile dont la nomenclature suit : — 1° Approbation des plans et devis des travaux d'entretien et de réparations simples des ponts et chaussées et des bâtiments civils, dont les dépenses sont inscrites au budget de la guerre ; — 2° Fixation de la part des dépenses relatives aux aliénés, enfants trouvés et abandonnés, ou orphelins pauvres à mettre à la charge des communes constituées, et base de la répartition à faire entre elles ;—3° Mode et conditions d'admission dans les hospices, à la charge de l'assistance publique, des enfants trouvés et abandonnés ; tarifs des mois de nourrice et gardiens, composition et prix des layettes et vêtures : — 4° Tarifs des droits de location de place dans les halles et marchés, et des droits de pesage, de jaugeage et de mesurage ; — 5° Aliénations, acquisitions et échanges de biens communaux, lorsque la valeur de l'immeuble dépasse trente mille francs, pourvu que le domaine de l'Etat ne soit point partie intervenante ; — 6° Actions judiciaires et transactions intéressant les communes, dans les limites et avec la restriction énoncée au paragraphe précédent ; — 7° Approbation des plans et devis de travaux neufs à exécuter pour le compte des communes, lorsque le prix de ces travaux doit dépasser trente mille francs ; sauf le cas où ils seraient exécutés avec le concours simultané du budget de l'Etat et du budget local et municipal : — 8° Approbation des règlements intérieurs des dépôts d'ouvriers, dépôts de mendicité, prisons, hôpitaux, hospices et asiles ; — 9° Création de marchés, fondouks et abattoirs ;— 10° Autorisation des établissements insalubres de toute classe ; — 11° Autorisation d'établir des foires provisoires ou définitives ;—12° Approbation des modifications proposées par les autorités locales au régime de la boulangerie et de la boucherie, en exécution des règlements en vigueur ; — 13° Location de gré à gré d'immeubles domaniaux, lorsque la durée de la location doit excéder trois années, et la valeur locative annuelle mille francs;—Toute location de gré à gré d'une durée supérieure à neuf années sera soumise à l'approbation du ministre.

3. Le gouverneur général statue directement, sans l'intervention du conseil du Gouvernement, sur les objets ci-après déterminés :—1° Approbation des adjudications ou des marchés de gré à gré, suivant les cas, pour les travaux d'entretien et de réparations simples des ponts et chaussées et des bâtiments civils, quelle qu'en soit la valeur, mais dans la limite des crédits ouverts soit au budget de l'Etat, soit au budget local et municipal ; — 2° Dispense intégrale ou partielle du remboursement des dépenses d'entretien des aliénés, enfants trouvés et abandonnés et orphelins

(1) V. 5ᵉ part., pag. 406.

pauvres, lorsqu'ils sont retirés par les familles ou par des bienfaiteurs ; — 3° Approbation des cahiers des charges relatifs aux fournitures pour les hôpitaux, hospices, asiles et tous autres établissements publics administrés au compte de l'État ou des provinces ; — Pour toute somme et dans la limite des crédits ouverts, lorsqu'il s'agit des établissements placés directement dans les attributions du gouverneur général ; pour toute dépense supérieure à dix mille francs, mais dans la limite des crédits ouverts, lorsqu'il s'agit d'établissements placés dans les attributions des préfets : — 4° Approbation des adjudications tranchées pour lesdites fournitures, comme au paragraphe précédent; — 5° Marchés de gré à gré pour fournitures aux mêmes établissements, quand la dépense excède trois mille francs et jusqu'à concurrence de six mille francs ; — 6° Mesures de rapatriement relatives aux aliénés et aux enfants abandonnés ou orphelins pauvres ; — 7° Règlement des budgets et comptes des communes lorsque les budgets s'élèvent à cent mille francs, jusqu'à trois cent mille francs exclusivement, et lorsqu'ils ne donnent pas lieu à des subventions ou impositions extraordinaires ; — 8° Désignation des bourses à attribuer sur les fonds du budget local et municipal aux élèves des écoles des arts et métiers pour l'Algérie ; — 9° Arrêtés portant réglementation des tournées à effectuer par le service des poids et mesures.

TITRE II. — ATTRIBUTIONS DES PRÉFETS.

4. Les préfets nomment aux fonctions et emplois suivants : — Maires et adjoints des localités non érigées en communes ; — Membres des commissions administratives des hospices et hôpitaux civils et des bureaux de bienfaisance ; — Médecins, pharmaciens, internes et économes des mêmes établissements ; — Médecins et préposés des asiles indigènes ; — Membres des commissions de surveillance des prisons civiles ; — Concierges, gardiens, greffiers et médecins des mêmes établissements ; — Gardes champêtres ; — Agents du service de la police, au-dessous du grade d'inspecteur; — Personnel des marchés et abattoirs ; — Canotiers des ports de commerce, du service des lazarets et de la santé ; — Conservateurs d'arrondissement du fluide vaccin ; — Directeurs, jardiniers en chef et régisseurs comptables des pépinières publiques, le directeur de la pépinière centrale d'Alger excepté ; — Agents comptables des dépôts d'ouvriers ; — Défenseurs de l'administration près la Cour impériale d'Alger et les divers tribunaux de l'Algérie.

5. Les préfets des départements de l'Algérie statuent directement, en conseil de préfecture, sur les objets mentionnés ci-après : — 1° Approbation des délibérations des conseils municipaux sur le mode de jouissance en nature des biens communaux ; — 2° Aliénations, acquisitions et échanges de biens communaux, lorsque la valeur des biens ne dépasse pas trente mille francs, et que le domaine de l'État n'est point partie intervenante ; — 3° Actions judiciaires et transactions intéressant les communes, dans la limite et avec la restriction énoncées au paragraphe précédent ; — 4° Baux à donner ou à prendre pour les communes, quelles que soient la valeur et la durée du bail ; — 5° Approbation des tarifs des pompes funèbres proposés par les administrations municipales ; — 6° Tarif des concessions dans les cimetières ; — 7° Approbation des plans et devis des travaux à exécuter pour le compte des communes jusqu'à concurrence d'une dépense de trente mille francs, et pourvu que l'État ni le budget local et municipal ne concourent à la dépense ; — 8° Ouverture, agrandissement et déplacement des cimetières ; — 9° Location d'immeubles domaniaux par adjudication publique ; — 10° Location de gré à gré, pour une durée n'excédant pas trois ans, d'immeubles domaniaux d'une valeur locative annuelle n'excédant pas mille francs.

6. Les préfets des départements de l'Algérie statuent directement, sans intervention du conseil de préfecture, sur les matières suivantes : — 1° Approbation des cahiers des charges relatifs aux fournitures pour les hôpitaux, hospices, asiles et tous autres établissements administrés au compte de l'État ou des provinces (sauf la restriction exprimée au n° 4, § 1er, de l'article 3), lorsque la dépense ne doit pas dépasser dix mille francs, et reste dans les limites des crédits ouverts ; — 2° Approbation des adjudications tranchées pour lesdites fournitures, comme au paragraphe précédent ; — 3° Marchés de gré à gré, pour fournitures aux mêmes établissements jusqu'à trois mille francs inclusivement ; — 4° Budgets et comptes des communes lorsque les budgets sont inférieurs à cent mille francs, et ne donnent pas lieu à des subventions ou impositions extraordinaires ; — 5° Approbation des cahiers des charges pour la mise en adjudication de travaux ou de fournitures à effectuer pour le compte des communes, dans la limite des crédits régulièrement approuvés, approbation des adjudications faites en vertu desdits cahiers des charges ; — 6° Approbation des marchés de gré à gré pour travaux et fournitures intéressant les communes, quelle qu'en soit la valeur, pourvu qu'elle n'excède pas les crédits régulièrement approuvés.

TITRE III. — ATTRIBUTIONS DES GÉNÉRAUX COMMANDANT LES DIVISIONS.

7. Les généraux commandant les divisions nomment directement aux emplois suivants en territoire militaire : — Maires et adjoints des localités non érigés en communes ; — Médecins et préposés des infirmeries et asiles indigènes ; — Gardes champêtres ; — Agents du service de la police au-dessous du grade d'inspecteur ; — Gardiens civils dans les prisons militaires ; — Personnel des marchés et abattoirs ; — Jardiniers en chef et adjoints des pépinières publiques.

8. En territoire militaire, les généraux commandant les divisions statuent, avec ou sans l'avis des commissions consultatives de subdivision, dans toutes les matières sur lesquelles, en territoire civil, les préfets statuent avec ou sans l'avis des conseils de préfecture, conformément aux distinctions établies par les art. 5 et 6 ci-dessus.

TITRE IV. — DISPOSITIONS GÉNÉRALES.

9. Le gouverneur général rend compte au ministre de la guerre, dans les formes et pour les objets déterminés par des instructions ministérielles, des décisions prises et des nominations faites par lui en vertu du présent décret. — La même obligation est imposée aux préfets et généraux commandant les divisions, qui devront, en outre et en même temps, rendre compte au gouverneur général.

10. Le gouverneur général pourra, par des arrêtés pris d'urgence, suspendre l'exécution des actes des préfets et des généraux qui seraient contraires aux lois et règlements, ou qui donneraient lieu aux réclamations des parties intéressées ; mais ces mêmes actes ne pourront être annulés ou réformés que par le ministre.

11. Sont maintenues toutes les dispositions antérieures qui ne sont point contraires au présent décret.

46

6 janvier 1857 (11e série, n° 4382). — *Déc. impérial relatif à l'organisation judiciaire de La Réunion.*

47

24 janvier 1857 (11e série, n° 4305) (Art. 6, C. inst. cr.). — *Déc. impérial portant promulgation*

de la convention d'extradition conclue entre la France et les Etats de Parme.

48

26 janvier 1857 (11ᵉ série, n° 4412).—*Déc. impérial sur l'admission au commandement des bâtiments du commerce* (1).

49

28 janvier 1857 (11ᵉ série, n° 4372). — *Déc. impérial portant que les mécaniciens, chauffeurs et autres individus employés au service des machines à vapeur des bâtiments de mer, seront compris dans l'inscription maritime.*

50

29 avril 1857 (11ᵉ série, n° 4526). — *Déc. impérial qui rend exécutoires aux colonies les lois des 27 mars 1851 et 5 mai 1855 (2), tendant à la répression de certaines fraudes dans la vente des marchandises.*

51

20 mai 1857 (11ᵉ série, n° 4564). — *Déc. impérial portant réorganisation du comité consultatif des arts et manufactures, institué près le ministère de l'agriculture, du commerce et des travaux publics.*

Art. 1ᵉʳ. Le comité consultatif des arts et manufactures, institué près le ministère de l'agriculture, du commerce et des travaux publics, est chargé de l'étude et de l'examen de toutes les questions intéressant le commerce ou l'industrie qui lui sont renvoyées par le ministre en vertu des lois et règlements, ou sur lesquelles le ministre juge utile de le consulter, et notamment en ce qui concerne : — Les établissements insalubres ou incommodes ; — Les poids et mesures ; — Les brevets d'invention ; — L'application ou la modification au point de vue technique, des tarifs et des lois de douanes. — Il peut être chargé de procéder aux enquêtes ou informations qui sont jugées nécessaires par le Ministre pour l'étude des questions ci-dessus énoncées.

2. Le comité consultatif des arts et manufactures est composé de huit membres, pris notamment dans l'Académie des sciences, dans les corps impériaux des ponts et chaussées ou des mines, et dans le commerce ou l'industrie. — Un secrétaire ayant voix délibérative est attaché au comité. — Un ou deux auditeurs au conseil d'Etat peuvent être attachés au secrétariat du comité.

3. Les membres du comité sont nommés par notre ministre de l'agriculture, du commerce et des travaux publics.—En cas de vacance, la nomination est faite sur une liste de trois candidats présentés par le comité. — Le président et le secrétaire sont nommés directement par le Ministre.

4. Le comité se réunit une fois au moins par semaine.— L'ordre et le mode de ses délibérations sont réglés par des arrêtés du Ministre.— Les membres présents ont droit, pour chaque séance, à des jetons dont la valeur est fixée par arrêtés du Minsitre.

5. Les membres titulaires, après dix années d'exercice, peuvent être nommés membres honoraires. — Les membres honoraires assistent aux délibérations du comité lorsqu'ils y sont appelés par des décisions spéciales du ministre.

6. Le directeur général de l'administration des douanes et des contributions indirectes, ou, à son défaut, un des membres du conseil de cette administration désigné par notre ministre des finances, est autorisé à assister, avec voix délibérative, aux séances du comité. — Assistent également, avec voix délibérative, aux séances du comité le secrétaire général du ministre de l'agriculture, du commerce et des travaux publics et les directeurs du commerce intérieur et du commerce extérieur. — Toutefois, les fonctionnaires désignés aux deux paragraphes ci-dessus ne votent pas pour la formation des listes de candidats à dresser en vertu du paragraphe 2 de l'article 3.

52

20 mai 1857 (11ᵉ série, n° 4565). — *Déc. impérial sur l'organisation de la justice musulmane au Sénégal.*

53

27 mai 1857 (11ᵉ série, n° 4550). — *Sénatus-consulte qui modifie l'art. 35 de la constitution.*

Art. 1ᵉʳ. L'article 35 de la Constitution (3) est modifié ainsi qu'il suit : — « Il y aura un député au corps « législatif à raison de trente-cinq mille électeurs ; « néanmoins, il est attribué un député de plus à cha- « cun des départements dans lequel le nombre excé- « dant des électeurs dépasse dix - sept mille cinq « cents. »

2. Un décret impérial réglera le tableau des députés à élire dans chaque département, en conformité du présent sénatus-consulte.

54

29 mai 1857 (11ᵉ série, n° 4569). — *Déc. impérial qui fixe le nombre des députés au corps législatif à élire par les départements.*

55

29 mai 1857 (11ᵉ série, n° 4570). — *Déc. impérial qui fixe le nombre et la composition des circonscriptions électorales.*

56

6 juin 1857 (11ᵉ série, n° 4623). — *Loi qui autorise la concession de l'exploitation des sources et de l'établissement thermal de Plombières.*

57

6 juin 1857 (11ᵉ série, n° 4627). — *Loi qui soumet à un droit fixe d'enregistrement les adjudications et marchés de toute nature relatifs au travail dans les prisons.*

Article unique. Sont soumis au droit fixe de deux francs, établi par l'article 8 de la loi du 18 mai 1850 (4), les adjudications et marchés de toute nature ayant pour objet le travail dans les prisons.

58

9 juin 1857 (11ᵉ série, n° 4577). — *Loi portant*

---

(1) Ce décret règle les conditions que doivent subir les capitaines au long cours et les maîtres au cabotage.
(2) V. 4ᵉ partie, p. 149 et 152.

(3) V. 1ʳᵉ partie, p. 6.
(4) Il n'existe pas de loi du 18 mai 1850 ; c'est de la loi du 15 mai 1850 qu'il s'agit. — V. 2ᵉ partie, p. 385.

prorogation du privilége de la Banque de France.

Art. 1er. Le privilége conféré à la Banque par les lois des 24 germinal an xi (22 avril 1806) (1) et 30 juin 1840 (2) dont la durée expirait le 31 décembre 1867, est prorogé de trente ans, et ne prendra fin que le 31 décembre 1897.

2. Le capital de la Banque, représenté aujourd'hui par quatre-vingt onze mille deux cent cinquante actions, sera représenté désormais par cent quatre-vingt-deux mille cinq cents actions, d'une valeur nominative de mille francs chacune, non compris le fonds de réserve.

3. Les quatre-vingt-onze mille deux cent cinquante actions nouvellement créées seront exclusivement attribuées aux propriétaires des quatre-vingt-onze mille deux cent cinquante actions actuellement existantes, lesquels devront en verser le prix à raison de onze cents francs par action dans les caisses de la Banque, trimestre par trimestre, dans le délai d'un an au plus tard, à partir de la promulgation de la présente loi. — L'époque du premier paiement et les conditions auxquelles les actionnaires pourront être admis à anticiper les paiements ultérieurs seront fixées par une décision de la Banque.

4. Le produit de ces nouvelles actions sera affecté, jusqu'à concurrence de quatre-vingt-onze millions deux cent cinquante mille francs, à la formation du capital déterminé par l'article 2, et, pour le surplus, à l'augmentation du fonds de réserve actuellement existant.

5. Sur le produit desdites actions, une somme de cent millions sera versée au Trésor public dans le courant de 1859, aux époques qui seront convenues entre le ministre des finances et la Banque. — Cette somme sera portée en atténuation des découverts du Trésor. — Le ministre des finances est autorisé à faire inscrire sur le grand-livre de la dette publique la somme de rentes trois pour cent nécessaire pour l'emploi de ladite somme de cent millions. — Un fonds d'amortissement du centième du capital nominal desdites rentes sera ajouté à la dotation de la caisse d'amortissement. — Les rentes seront transférées à la Banque de France au cours moyen du mois qui précédera chaque versement, sans que ce prix puisse être inférieur à soixante-quinze francs.

6. Sur les rentes inscrites au Trésor au nom de la caisse d'amortissement, il sera rayé du grand livre de la dette publique une somme égale à celle des rentes créées par l'article précédent. — Les rentes seront définitivement annulées en capital et arrérages, à dater du jour où les rentes nouvelles seront transférées à la Banque.

7 La faculté accordée à la Banque de faire des avances sur effets publics français, sur actions et obligations de chemins de fer français, sur obligations de la ville de Paris, est étendue aux obligations émises par la société de crédit foncier de France. — Les dispositions générales qui régleront le mode d'exécution du paragraphe précédent devront être approuvées par un décret.

8. La Banque de France pourra, si les circonstances l'exigent, élever au-dessus de six pour cent le taux de ses escomptes et l'intérêt de ses avances. — Les bénéfices qui seront résultés pour la Banque, de l'exercice de cette faculté, seront déduits des sommes annuellement partageables entre les actionnaires et ajoutés au fonds social.

9. La Banque de France aura la faculté d'abaisser à cinquante francs la moindre coupure de ses billets.

10. Dix ans après la promulgation de la présente loi, le Gouvernement pourra exiger de la Banque de France qu'elle établisse une succursale dans les départements où il n'en existerait pas.

11. Les intérêts qui seront dus par le Trésor, à raison de son compte courant, seront réglés sur le taux fixé par la Banque pour l'escompte du papier de commerce, mais sans qu'ils puissent excéder trois pour cent.

12. Un règlement d'administration publique déterminera, à l'égard des actionnaires incapables et des actionnaires en retard de versement, les mesures nécessaires à l'exécution de la présente loi (3).

59

9 juin 1857 (11e série, n° 4828). — *Code de justice militaire pour l'armée de terre.*

LIVRE Ier. — DE L'ORGANISATION DES TRIBUNAUX MILITAIRES.

Dispositions préliminaires.

Art. 1er. La justice militaire est rendue, — 1° Par des conseils de guerre ; — 2° Par des conseils de révision. — Des prévôtés sont établies aux armées dans les cas prévus par le présent Code.

TITRE Ier. — DES CONSEILS DE GUERRE ET DES CONSEILS DE RÉVISION PERMANENTS DANS LES DIVISIONS TERRITORIALES.

CHAPITRE Ier. — *Des conseils de guerre permanents dans les divisions territoriales.*

2. Il y a un conseil de guerre permanent au chef-lieu de chaque division territoriale. — Si les besoins du service l'exigent, un deuxième conseil de guerre permanent peut être établi dans la division par un décret de l'Empereur, qui fixe le siége de ce conseil et en détermine le ressort (4).

3. Le conseil de guerre permanent est composé d'un colonel ou lieutenant-colonel, président, et de six juges, savoir : Un chef de bataillon, ou chef d'escadron, ou major, — Deux capitaines, — Un lieutenant, — Un sous-lieutenant, — Un sous-officier.

4. Il y a près de chaque conseil de guerre un commissaire impérial, un rapporteur et un greffier. — Il peut être nommé un ou plusieurs substituts du commissaire impérial et du rapporteur, et un ou plusieurs commis greffiers.

5. Les commissaires impériaux et leurs substituts remplissent, près les conseils de guerre, les fonctions du ministère public. — Les rapporteurs et leurs substituts sont chargés de l'instruction. — Les greffiers et commis greffiers font les écritures.

6. Les présidents et les juges sont pris parmi les officiers et sous-officiers en activité dans la division ; ils peuvent être remplacés tous les six mois, et même dans un délai moindre s'ils cessent d'être employés dans la division.

7. Les commissaires impériaux et les rapporteurs sont pris parmi les officiers supérieurs, les capitaines, les sous-intendants militaires ou adjoints, soit en activité, soit en retraite. — Les substituts sont pris parmi les officiers en activité dans la division.

8. Le président et les juges des conseils de guerre sont nommés par le général commandant la division. — La nomination est faite par le ministre de la guerre,

---

(1) V. 3e partie, page 94.
(2) V. 3e partie, p. 99.

(3) Ce règlement a été fait par décret du 17 juillet 1857. V. inf. sup., n° 66.
(4) V. Suppl., n° 68, le décret du 18 juillet 1857, qui fixe le nombre, le siége et le ressort des deuxièmes conseils de guerre.

s'il s'agit du jugement d'un colonel, d'un officier gé- | néral commandant la division. — Un règlement d'ad-
néral ou d'un maréchal de France. | ministration publique détermine les conditions et les
  9. Les commissaires impériaux et les rapporteurs | formes de la nomination des greffiers et commis gref-
sont nommés par le ministre de la guerre. — Lors- | fiers.
qu'ils sont choisis parmi les officiers en activité, ils | **10.** La composition des conseils de guerre déter-
sont nommés sur une liste de présentation dressée par | minée par l'art. 3 du présent Code est maintenue ou
le général commandant la division où siége le conseil | modifiée suivant le grade de l'accusé, conformément
de guerre. — Les substituts sont nommés par le gé- | au tableau ci-après :

GRADE DE L'ACCUSÉ.	GRADE DU PRÉSIDENT.	GRADES DES JUGES.
Sous-officier, caporal ou brigadier, soldat.	Colonel ou lieuten.-colonel.	1 chef de bataillon, ou chef d'escadron, ou major. 2 capitaines. 1 lieutenant. 1 sous-lieutenant. 1 sous-officier.
Sous-lieutenant.	Colonel ou lieuten.-colonel.	1 chef de bataillon, ou chef d'escadron, ou major. 2 capitaines. 1 lieutenant. 2 sous-lieutenants.
Lieutenant.	Colonel ou lieuten.-colonel.	1 chef de bataillon, ou chef d'escadron, ou major. 3 capitaines. 2 lieutenants.
Capitaine..	Colonel.	1 lieutenant-colonel. 3 chefs de bataillon, ou chefs d'escadron, ou majors. 2 capitaines.
Chef de bataillon, chef d'escadron, major.	Général de brigade.	2 colonels. 2 lieutenants-colonels. 2 chefs de bataillon, ou chefs d'escadron, ou majors.
Lieutenant-colonel.	Général de brigade.	4 colonels. 2 lieutenants-colonels.
Colonel.	Général de division. . . .	4 généraux de brigade. 2 colonels.
Général de brigade. . . .	Maréchal de France. . . .	4 généraux de division. 2 généraux de brigade.
Général de division. . . .	Maréchal de France. . . .	2 maréchaux de France. 4 généraux de division.
Maréchal de France. . . .	Maréchal de France. . . .	3 maréchaux de France ou amiraux. 3 généraux de division.

  En cas d'insuffisance, dans la division, d'officiers ayant le grade exigé pour la composition du conseil de guerre, le général commandant la division appelle à siéger au conseil de guerre des officiers d'un grade égal à celui de l'accusé ou d'un grade immédiatement inférieur.

  11. Pour juger un général de division ou un maréchal de France, les maréchaux de France sont appelés suivant l'ordre de l'ancienneté à siéger dans le conseil de guerre, à moins d'empêchement admis par le ministre de la guerre. — Le président du conseil est choisi parmi ceux qui ont été désignés en vertu du paragraphe précédent.

  12. En ce qui concerne spécialement la composition du conseil de guerre appelé à juger un maréchal de France, à défaut d'un nombre suffisant de maréchaux, des amiraux sont désignés. Les fonctions de commissaire impérial peuvent être remplies par un général de division, et celles de rapporteur sont exercées par un officier général.

  13. Pour juger un membre du corps de l'intendance militaire, un médecin, un pharmacien, un officier d'administration, un vétérinaire, ou tout autre individu assimilé aux militaires, le conseil de guerre est composé, conformément à l'art. 10, suivant le grade auquel le rang de l'accusé correspond (1).

  14. S'il y a plusieurs accusés de différents grades ou rangs, la composition du conseil de guerre est déterminée par le grade ou le rang le plus élevé.

  15. Lorsqu'a raison du grade ou du rang de l'accusé, un ou plusieurs membres du conseil de guerre sont remplacés, les autres membres, les rapporteurs et les greffiers continuent de droit leurs fonctions, sauf le cas prévu par l'art. 12 ci-dessus.

  16. Les fonctions de commissaire impérial sont remplies par un officier d'un grade ou d'un rang au moins égal à celui de l'accusé, sauf le cas prévu par l'art. 12. — Lorsqu'un commissaire impérial est spécialement nommé pour le jugement d'une affaire, il est assisté du commissaire ordinaire près le conseil de guerre, ou de l'un de ses substituts.

  17. — Les conseils de guerre appelés à juger des prisonniers de guerre sont composés, comme pour le jugement des militaires français, d'après les assimilations de grade.

  18. Lorsque, dans les cas prévus par les lois, il y a lieu de traduire devant un conseil de guerre, soit comme auteur principal, soit comme complice, un individu qui n'est ni militaire, ni assimilé aux militai-

---

  V. Suppl., n° 69, le décret du 18 juillet 1857, in-

diquant, selon le grade, le rang ou l'emploi de l'accusé, la composition des tribunaux militaires pour le jugement de divers individus qui, dans l'armée de terre, sont assimilés aux militaires.

res, le conseil reste composé comme il est dit en l'art. 3, à moins que le grade ou le rang d'un coaccusé militaire n'exige une autre composition.

19. Le général commandant chaque division territoriale dresse, sur la présentation des chefs de corps, un tableau par grade et par ancienneté des officiers et sous-officiers de la division qui peuvent être appelés à siéger comme juges dans le conseil de guerre. — Ce tableau est rectifié au fur et à mesure des mutations. — Une expédition en est déposée au greffe du conseil de guerre. — Les officiers et sous-officiers sont appelés successivement, et dans l'ordre de leur inscription, à siéger dans le conseil de guerre, à moins d'empêchement admis par une décision du général commandant la division.

20. En cas d'empêchement accidentel du président ou d'un juge, le général commandant la division le remplace provisoirement, selon les cas, par un officier du même grade, ou par un sous-officier, dans l'ordre du tableau dressé en exécution de l'article précédent. — Dans le cas d'empêchement du commissaire impérial, du rapporteur et de leurs substituts, du greffier et du commis greffier, il est provisoirement pourvu au remplacement par le général commandant la division.

21. S'il ne se trouve pas dans la division des officiers généraux ou supérieurs en nombre suffisant pour compléter le conseil de guerre, le ministre de la guerre y pourvoit en appelant, par rang d'ancienneté, des officiers généraux ou supérieurs employés dans les divisions territoriales les plus voisines.

22. Nul ne peut faire partie d'un conseil de guerre, à un titre quelconque, s'il n'est Français ou naturalisé Français et âgé de vingt-cinq ans accomplis.

23. Les parents et alliés, jusqu'au degré d'oncle et de neveu inclusivement, ne peuvent être membres du même conseil de guerre, ni remplir près ce conseil les fonctions de commissaire impérial, de rapporteur ou de greffier.

24. Nul ne peut siéger comme président ou juge, ni remplir les fonctions de rapporteur dans une affaire soumise au conseil de guerre, — 1° S'il est parent ou allié de l'accusé jusqu'au degré de cousin issu de germain inclusivement ; — 2° S'il a porté la plainte, donné l'ordre d'informer ou déposé comme témoin ; — 3° Si, dans les cinq ans qui ont précédé la mise en jugement, il a été engagé comme plaignant, partie civile ou prévenu, dans un procès criminel contre l'accusé : — 4° S'il a précédemment connu de l'affaire comme administrateur ou comme membre d'un tribunal militaire.

25. Avant d'entrer en fonctions, les commissaires impériaux et les rapporteurs pris en dehors de l'activité prêtent, entre les mains du général commandant la division, le serment suivant :

« *Je jure obéissance à la Constitution et fidé-*
« *lité à l'Empereur.* »

CHAPITRE II. — *Des conseils de révision permanents dans les divisions territoriales.*

26. Il est établi, pour les divisions territoriales, des conseils de révision permanents, dont le nombre, le siège et le ressort sont déterminés par décret de l'Empereur, inséré au *Bulletin des Lois* (1).

27. Les conseils de révision sont composés d'un président, général de brigade, et de quatre juges, savoir : Deux colonels ou lieutenants-colonels ; — Deux chefs de bataillon, ou chefs d'escadron, ou majors. — Il y a près chaque conseil de révision un commissaire

impérial et un greffier. — Les fonctions de commissaire impérial sont remplies par un officier supérieur ou un sous-intendant militaire. — Il peut être nommé un substitut du commissaire impérial et un commis-greffier, si les besoins du service l'exigent.

28. Le président et les juges du conseil de révision sont pris parmi les officiers en activité dans la division où siège le conseil, et nommés par le général commandant la division. Ils peuvent être remplacés tous les six mois, et même dans un délai moindre, s'ils cessent d'être employés dans la division. — Un tableau est dressé pour les juges, conformément à l'art. 19 du présent Code. — Les art. 20 et 21 sont également applicables aux conseils de révision.

29. Les commissaires impériaux sont pris parmi les officiers supérieurs ou parmi les sous-intendants militaires, en activité de service ou en retraite ; ils sont nommés par le ministre de la guerre. — Les substituts sont pris parmi les officiers ou parmi les membres de l'intendance militaire en activité de service ; ils sont nommés par le général commandant la division. — Les conditions et les formes de la nomination des greffiers et commis greffiers sont déterminées par le règlement d'administration publique prévu par l'art. 9 du présent Code.

30. Lorsque le conseil de guerre dont le jugement est attaqué a été présidé par un général de division ou par un maréchal de France, le conseil de révision est également présidé par un général de division ou par un maréchal de France. Le général de brigade siège alors comme juge, et le chef de bataillon, ou le chef d'escadron, ou le major le moins ancien de grade, ou, à égalité d'ancienneté, le moins âgé, ne prend point part au jugement de l'affaire.

31. Nul ne peut faire partie d'un conseil de révision s'il n'est Français ou naturalisé Français et âgé de trente ans accomplis. — Les art. 23 et 24 du présent Code sont applicables aux membres des conseils de révision.

32. Avant leur entrée en fonctions, les commissaires impériaux pris en dehors de l'activité prêtent, entre les mains du général commandant la division, le serment prescrit par l'art. 25 du présent Code.

TITRE II. — DES CONSEILS DE GUERRE ET DES CONSEILS DE RÉVISION AUX ARMÉES, DANS LES COMMUNES, DANS LES DÉPARTEMENTS ET DANS LES PLACES DE GUERRE EN ÉTAT DE SIÉGE.

CHAPITRE Ier. — *Des conseils de guerre aux armées.*

33. Lorsque plusieurs divisions sont réunies en armée ou en corps d'armée, deux conseils de guerre sont établis dans chacune de ces divisions, ainsi qu'au quartier général de l'armée, et, s'il y a lieu, au quartier général du corps d'armée. — Si une division active ou un détachement de troupes doit opérer isolément, deux conseils de guerre peuvent également être formés dans la division ou dans le détachement. — Ces conseils de guerre sont composés ainsi qu'il est dit aux art. 3, 4, 7, 10, 11, 12, 13, 15, 16 et 17 du présent Code.

34. Les membres des conseils de guerre, ainsi que les greffiers, sont pris parmi les officiers et les sous-officiers employés dans l'armée, le corps d'armée, la division ou le détachement près desquels ces conseils sont établis.

35. Les membres du conseil de guerre sont nommés et remplacés, savoir : — Dans la division, par le général commandant la division ; — Au quartier général de l'armée, par le général en chef ; — Au quartier général du corps d'armée, par le général commandant le corps d'armée ; — Dans le détachement de troupes, par le commandant de ce détachement. — S'il ne se trouve pas, soit dans la division, soit dans l'armée, soit dans le corps d'armée, soit dans le détachement

---

(1) V. n° 68, le décret du 18 juillet 1857 qui fixe le nombre, le siège et le ressort des conseils de révision.

où se forment les conseils de guerre, un nombre suffisant d'officiers du grade requis pour leur composition, les membres de ces conseils seront pris dans les grades inférieurs, sans que plus de trois juges puissent être d'un grade au-dessous de celui de l'accusé. —Si, nonobstant la disposition du paragraphe précédent, il y a dans les divisions, corps d'armée et détachements insuffisance de militaires du grade requis pour composer les conseils de guerre qui y sont attachés, il y est pourvu par le général en chef au moyen d'officiers pris dans l'armée.—En cas d'impossibilité absolue, pour le général en chef, de composer le conseil de guerre du quartier général, il y est pourvu par le ministre de la guerre, qui compose ce conseil conformément aux dispositions de l'art. 21 du présent Code, ou renvoie l'officier inculpé devant l'un des conseils de guerre permanents des divisions territoriales voisines.

36. Si un maréchal de France ou un général de division ayant commandé une armée ou un corps d'armée est mis en jugement à raison d'un fait commis pendant la durée de son commandement, aucun des généraux ayant été sous ses ordres dans l'armée ou le corps d'armée ne peut faire partie du conseil de guerre.

37. Les art. 5, 15, 22, 23 et 24 du présent Code sont applicables aux conseils de guerre siégeant aux armées.

CHAPITRE II.—*Des conseils de révision aux armées.*

38. Il est établi un conseil de révision au quartier général de l'armée. — Le général en chef de l'armée ou le général commandant un corps d'armée peut, en outre, selon les besoins du service, établir un conseil de révision pour une ou plusieurs divisions, pour un ou plusieurs détachements.

39. Les membres des conseils de révision sont pris parmi les officiers employés dans les armées, corps d'armée, divisions ou détachements près desquels ces conseils sont établis. — Ils sont nommés et remplacés par les commandants de ces armées, corps d'armée, divisions ou détachements.

40. Les art. 23, 24, 27, 29, 30 et 31 du présent Code sont applicables aux conseils de révision siégeant aux armées.

41. S'il ne se trouve pas, soit au quartier général, soit dans l'armée, soit dans le corps d'armée, soit dans la division, soit dans le détachement où se forme le conseil de révision, un nombre suffisant d'officiers du grade requis, le conseil est composé de trois juges, lesquels peuvent être pris, savoir : — Le président, parmi les colonels ou les lieutenants-colonels ;—Les deux juges, parmi les chefs de bataillon, les chefs d'escadron ou les majors. — Les fonctions de commissaire impérial peuvent être remplies par un capitaine ou un adjoint de l'intendance militaire.—Dans tous les cas, le président du conseil de révision doit être d'un grade au moins égal à celui de l'accusé.

CHAPITRE III. — *Dispositions communes aux deux chapitres précédents.*

42. Lorsque des armées, corps d'armée ou divisions actives sont formés dans les divisions territoriales, les conseils permanents de guerre et de révision qui s'y trouvent déjà organisés connaissent de toutes les affaires de la compétence des conseils de guerre et de révision aux armées, tant que des conseils d'armée n'ont pas été créés conformément aux chapitres I et II du présent titre.

CHAPITRE IV. — *Des conseils de guerre dans les communes, les départements et les places de guerre en état de siége.*

43. Lorsqu'une ou plusieurs communes, un ou plusieurs départements ont été déclarés en état de siége, les conseils de guerre permanents des divisions territoriales dont font partie ces communes ou ces départements, indépendamment de leurs attributions ordinaires, statuent sur les crimes et délits dont la connaissance leur est déférée par le présent Code et par les lois sur l'état de siége.—Le siége de ces conseils peut être transféré, par décret impérial, dans l'une de ces communes ou dans l'un de ces départements.

44. Il est établi deux conseils de guerre dans toute place de guerre en état de siége. — La formation de ces conseils est mise à l'ordre du jour de la place.—Leurs fonctions cessent dès que l'état de siége est levé, sauf en ce qui concerne le jugement des crimes et délits dont la poursuite leur a été déférée.

45. Les membres des conseils de guerre établis dans les places de guerre en état de siége sont nommés et remplacés par le gouverneur ou le commandant supérieur de la place, qui, à défaut de militaires en activité, peut les prendre parmi les officiers et les sous-officiers en non-activité, en congé ou en retraite. Dans ce cas, ils prêtent, entre les mains du commandant supérieur, le serment prescrit par l'art. 25 du présent Code.—S'il ne se trouve pas dans la place un nombre suffisant d'officiers des grades exigés pour la formation des conseils, il y est suppléé par des officiers et sous-officiers des grades inférieurs les plus rapprochés.

46. Les art. 3, 4, 5, 10, 11, 12, 13, 14, 15, 16, 17, 22, 23 et 24 du présent Code sont applicables aux conseils de guerre établis dans les places de guerre en état de siége.

CHAPITRE V. — *Des conseils de révision dans les communes, les départements et les places de guerre en état de siége.*

47. Lorsqu'une ou plusieurs communes, un ou plusieurs départements ont été déclarés en état de siége, chaque conseil de révision permanent connaît des recours formés contre tous les jugements des conseils de guerre placés dans sa circonscription. — Le siége du conseil de révision peut être transféré, par décret impérial, dans l'une de ces communes ou dans l'un de ces départements.

48. Il est établi un conseil de révision dans toute place de guerre en état de siége.—Les membres de ce conseil sont nommés et remplacés par le gouverneur ou le commandant supérieur de la place. Ils sont pris dans les catégories indiquées dans l'art. 45 du présent Code.—En cas d'insuffisance, le conseil est réduit à trois juges, conformément à l'art. 41.

49. Les art. 27, 30, 31 et 32 du présent Code sont applicables aux conseils de révision siégeant dans les places de guerre en état de siége.

CHAPITRE VI. — *Disposition commune aux deux chapitres précédents.*

50. S'il existe déjà, dans la place de guerre en état de siége, des conseils de guerre ou de révision, l'organisation en est complétée, s'il y a lieu, conformément aux dispositions des deux chapitres précédents.

TITRE III. — DES PRÉVÔTÉS.

51. Lorsqu'une armée est sur le territoire étranger, les grands prévôts et les prévôts, indépendamment des attributions de police qui leur sont déférées par les règlements militaires, exercent une juridiction dont les limites et les règles sont déterminées par le présent Code.

52. Le grand prévôt exerce sa juridiction, soit par lui-même, soit par les prévôts, sur tout le territoire occupé par l'armée, et sur les flancs et les derrières de l'armée. — Chaque prévôt exerce sa juridiction dans la division ou le détachement auquel il appartient, ainsi que sur les flancs et les derrières de cette division ou de ce détachement. —Le grand prévôt, ainsi que les prévôts, jugent seuls, assistés d'un greffier, qu'ils choisissent parmi les sous-officiers et brigadiers de gendarmerie.

LIVRE II.— DE LA COMPÉTENCE DES TRIBUNAUX MILITAIRES.

Dispositions générales.

53. Les tribunaux militaires ne statuent que sur l'action publique, sauf les cas prévus par l'art. 75 du présent Code. — Ils peuvent néanmoins ordonner, au profit des propriétaires, la restitution des objets saisis ou des pièces de conviction, lorsqu'il n'y a pas lieu d'en prononcer la confiscation.

54. L'action civile ne peut être poursuivie que devant les tribunaux civils ; l'exercice en est suspendu tant qu'il n'a pas été prononcé définitivement sur l'action publique intentée avant ou pendant la poursuite de l'action civile.

TITRE I. — COMPÉTENCE DES CONSEILS DE GUERRE.

CHAPITRE 1er. — *Compétence des conseils de guerre permanents dans les divisions territoriales en état de paix.*

55. Tout individu appartenant à l'armée en vertu, soit de la loi de recrutement, soit d'un brevet ou d'une commission, est justiciable des conseils de guerre permanents dans les divisions territoriales en état de paix, selon les distinctions établies dans les articles suivants.

56. Sont justiciables des conseils de guerre des divisions territoriales en état de paix, pour tous crimes et délits, sauf les exceptions portées au titre IV du présent livre : — 1° Les officiers de tous grades, les sous-officiers, caporaux et brigadiers, les soldats, les musiciens et les enfants de troupe ; — Les membres du corps de l'intendance militaire ; — Les médecins, les pharmaciens, les vétérinaires militaires et les officiers d'administration ; — Les individus assimilés aux militaires par les ordonnances ou décrets d'organisation, — Pendant qu'ils sont en activité de service ou portés présents sur les contrôles de l'armée ou détachés pour un service spécial ; — 2° Les militaires, les jeunes soldats, les remplaçants, les engagés volontaires et les individus assimilés aux militaires, placés dans les hôpitaux civils et militaires, ou voyageant sous la conduite de la force publique, ou détenus dans les établissements, prisons et pénitenciers militaires ; — 3° Les officiers de tous grades et les sous-officiers, caporaux et soldats inscrits sur les contrôles de l'Hôtel impérial des invalides ; — 4° Les jeunes soldats laissés dans leurs foyers, et les militaires envoyés en congés illimités, lorsqu'ils sont réunis pour les revues ou exercices prévus par l'art. 50 de la loi du 21 mars 1832. —Les prisonniers de guerre sont aussi justiciables des conseils de guerre.

57. Sont également justiciables des conseils de guerre des divisions territoriales en état de paix, mais seulement pour les crimes et les délits prévus par le titre 2 du livre 4, les militaires de tous grades, les membres de l'intendance militaire et tous individus assimilés au militaire : —1° Lorsque, sans être employés, ils reçoivent un traitement et restent à la disposition du Gouvernement ; — 2° lorsqu'ils sont en congé ou en permission.

58. Les jeunes soldats, les engagés volontaires et les remplaçants ne sont, depuis l'instant où ils ont reçu leur ordre de route jusqu'à celui de leur réunion en détachement ou de leur arrivée au corps, justiciables des mêmes conseils de guerre que pour les faits d'insoumission, sauf les cas prévus par les numéros 2 et 4 de l'art. 56 ci-dessus.

59. Les officiers de la gendarmerie, les sous-officiers et les gendarmes, ne sont pas justiciables des conseils de guerre pour les crimes et délits commis dans l'exercice de leurs fonctions relatives à la police judiciaire et à la constatation des contraventions en matière administrative.

60. Lorsqu'un justiciable des conseils de guerre est poursuivi en même temps pour un crime ou un délit de la compétence des conseils de guerre, et pour un autre crime ou délit de la compétence des tribunaux ordinaires, il est traduit d'abord devant le tribunal auquel appartient la connaissance du fait emportant la peine la plus grave, et renvoyé ensuite, s'il y a lieu, pour l'autre fait, devant le tribunal compétent. — En cas de double condamnation, la peine la plus forte est seule subie. — Si les deux crimes ou délits emportent la même peine, le prévenu est d'abord jugé pour le fait de la compétence des tribunaux militaires.

61. Le prévenu est traduit, soit devant le conseil de guerre dans le ressort duquel le crime ou délit a été commis, soit devant celui dans le ressort duquel il a été arrêté, soit devant celui de la garnison de son corps ou de son détachement.

CHAPITRE II. — *Compétence des conseils de guerre aux armées et dans les divisions territoriales en état de guerre.*

62. Sont justiciables des conseils de guerre aux armées, pour tous crimes ou délits : —1° Les justiciables des conseils de guerre dans les divisions territoriales en état de paix ; — 2° Les individus employés, à quelque titre que ce soit, dans les états-majors et dans les administrations et services qui dépendent de l'armée ; —3° Les vivandiers et vivandières, cantiniers et cantinières, les blanchisseuses, les marchands, les domestiques et autres individus à la suite de l'armée en vertu de permissions.

63. Sont justiciables des conseils de guerre, si l'armée est sur le territoire ennemi, tous individus prévenus soit comme auteurs, soit comme complices, d'un des crimes ou délits prévus par le titre 2 du livre 4 du présent Code.

64. Sont également justiciables des conseils de guerre, lorsque l'armée se trouve sur le territoire français, en présence de l'ennemi, pour les crimes et délits commis dans l'arrondissement de cette armée : —1° Les étrangers prévenus des crimes et délits prévus par l'article précédent ; —2° Tous individus prévenus, comme auteurs ou complices, des crimes prévus par les art. 204, 205, 206, 207, 208, 249, 250, 251, 252, 253 et 254 du présent Code.

65. Sont traduits devant le conseil de guerre de la division ou du détachement dont ils font partie, les militaires, jusqu'au grade de capitaine inclusivement, et les assimilés de rangs correspondants.

66. Sont traduits devant le conseil de guerre du quartier général de leur corps d'armée : — 1° Les militaires attachés au quartier général, jusqu'au grade de colonel inclusivement, et les assimilés de rangs correspondants attachés à ce quartier général ; — 2° Les chefs de bataillon, les chefs d'escadron et les majors, les lieutenants-colonels et les colonels et les assimilés de rangs correspondants attachés aux divisions composant le corps d'armée.

67. Sont traduits devant le conseil de guerre du quartier général de l'armée : — 1° Les militaires et les assimilés désignés dans l'article précédent, lorsqu'il n'a pas été établi de conseil de guerre au quartier général de leur corps d'armée ; —2° Les militaires et les individus attachés au quartier général de l'armée ; — 3° Les militaires et les individus assimilés aux militaires qui ne font partie d'aucune des divisions ou d'aucun des corps d'armée ; —4° Les officiers généraux et les individus de rangs correspondants employés dans l'armée. Toutefois, le général en chef peut, s'il le juge nécessaire, les mettre à la disposition du ministre de la guerre, et, dans ce cas, ils sont traduits devant le conseil de guerre d'une des divisions territoriales les plus rapprochées.

68. Tout individu justiciable des conseils de guerre aux armées, qui n'est ni militaire, ni assimilé aux militaires, est traduit devant l'un des conseils de guerre de l'armée les plus voisins du lieu dans lequel le crime ou délit a été commis , ou du lieu dans lequel le prévenu a été arrêté.

69. Les règles de compétence établies pour les conseils de guerre aux armées sont observées dans les divisions territoriales déclarées en état de guerre par un décret de l'Empereur.

CHAPITRE III.—*Compétence des conseils de guerre dans les communes, les départements et les places de guerre en état de siége.*

70. Les conseils de guerre, dans le ressort desquels se trouvent les communes, les départements et les places de guerre déclarés en état de siége, connaissent de tous crimes et délits commis par les justiciables des conseils de guerre aux armées, conformément aux art. 63 et 64 ci-dessus, sans préjudice de l'application de la loi du 9 août 1849 sur l'état de siége.

CHAPITRE IV.—*Disposition commune aux trois chapitres précédents.*

71. Les jugements rendus par les conseils de guerre peuvent être attaqués par recours devant les conseils de révision.

TITRE II.—COMPÉTENCE DES CONSEILS DE RÉVISION.

72. Les conseils de révision prononcent sur les recours formés contre les jugements des conseils de guerre établis dans leurs ressorts.

73. Les conseils de révision ne connaissent pas du fond des affaires.

74. Les conseils de révision ne peuvent annuler les jugements que dans les cas suivants :—1° Lorsque le conseil de guerre n'a pas été composé conformément aux dispositions du présent Code ;—2° Lorsque les règles de la compétence ont été violées ; — 3° Lorsque la peine prononcée par la loi n'a pas été appliquée aux faits déclarés constants par le conseil de guerre, ou lorsqu'une peine a été prononcée en dehors des cas prévus par la loi ; —4° Lorsqu'il y a eu violation ou omission des formes prescrites à peine de nullité ; — 5° Lorsque le conseil de guerre a omis de statuer sur une demande de l'accusé ou une réquisition du commissaire impérial tendant à user d'une faculté ou d'un droit accordé par la loi.

TITRE III.—COMPÉTENCE DES PRÉVÔTÉS.

75. Les prévôtés ont juridiction : — 1° Sur les vivandiers, vivandières, cantiniers, cantinières, blanchisseuses, marchands, domestiques et toutes personnes à la suite de l'armée en vertu de permission ; —2° Sur les vagabonds et gens sans aveu ; — 3° Sur les prisonniers de guerre qui ne sont pas officiers.— Elles connaissent, à l'égard des individus ci-dessus désignés, dans l'étendue de leur ressort, — 1° Des infractions prévues par l'art. 271 du présent Code ; —2° De toute infraction dont la peine ne peut excéder six mois d'emprisonnement et 200 fr. d'amende, ou l'une de ces peines ; —3° Des demandes en dommages-intérêts qui n'excèdent pas 150 fr., lorsqu'elles se rattachent à une infraction de leur compétence. — Les décisions des prévôtés ne sont susceptibles d'aucun recours.

TITRE IV.—COMPÉTENCE EN CAS DE COMPLICITÉ.

76. Lorsque la poursuite d'un crime, d'un délit ou d'une contravention, comprend des individus non justiciables des tribunaux militaires et des militaires ou autres individus justiciables de ces tribunaux, tous les prévenus indistinctement sont traduits devant les tribunaux ordinaires, sauf les cas exceptés par l'article suivant ou par toute autre disposition expresse de la loi.

77. Tous les prévenus, indistinctement, sont traduits devant les tribunaux militaires : —1° Lorsqu'ils sont tous militaires ou assimilés aux militaires, alors même qu'un ou plusieurs d'entre eux ne seraient pas justiciables de ces tribunaux, en raison de leur position au moment du crime ou du délit ; — 2° S'il s'agit de crimes ou de délits commis par des justiciables des conseils de guerre et par des étrangers ; — 3° S'il s'agit de crimes ou délits commis aux armées en pays étranger ; — 4° S'il s'agit de crimes ou de délits commis à l'armée sur le territoire français, en présence de l'ennemi.

78. Lorsqu'un crime ou un délit a été commis de complicité par des individus justiciables des tribunaux de l'armée de terre, et par des individus justiciables des tribunaux de la marine, la connaissance en est attribuée aux juridictions maritimes, si le fait a été commis sur les vaisseaux et autres navires de l'État, ou dans l'enceinte des ports militaires, arsenaux ou autres établissements maritimes.

79. Si le crime ou le délit a été commis en tous autres lieux que ceux qui sont indiqués dans l'article précédent, les tribunaux de l'armée de terre sont seuls compétents. Il en est de même, si les vaisseaux, ports, arsenaux ou autres établissements maritimes où le fait a été commis se trouvent dans une circonscription en état de siége.

TITRE V. — DES POURVOIS DEVANT LA COUR DE CASSATION.

80. Ne peuvent, en aucun cas, se pourvoir en cassation contre les jugements des conseils de guerre et des conseils de révision : — 1° Les militaires, les assimilés aux militaires et tous autres individus désignés dans les art. 55, 56 et 57 ci-dessus ; — 2° Les individus soumis, à raison de leur position, aux lois et règlements militaires ; —3° Les justiciables des conseils de guerre dans les cas prévus par les art. 62, 63 et 64 ci-dessus ; —4° Tous individus enfermés dans une place de guerre en état de siége.

81. Les accusés ou condamnés qui ne sont pas compris dans les désignations de l'article précédent peuvent attaquer les jugements des conseils de guerre et des conseils de révision devant la Cour de cassation, mais pour cause d'incompétence seulement. — Le pourvoi en cassation ne peut être formé avant qu'il ait été statué sur le recours en révision ou avant l'expiration du délai fixé pour l'exercice de ce recours.

82. Les dispositions des art. 441, 442, 443, 444, 445, 446, 447 et 542, § 1er du Code d'instruction criminelle, sont applicables aux jugements des tribunaux militaires. — Il n'est pas dérogé aux dispositions de l'art. 527 du même Code.

LIVRE III.—DE LA PROCÉDURE DEVANT LES TRIBUNAUX MILITAIRES.

TITRE Ier. — PROCÉDURE DEVANT LES CONSEILS DE GUERRE.

CHAPITRE Ier. — *Procédure devant les conseils de guerre dans les divisions territoriales en état de paix.*

SECTION 1re.—*De la police judiciaire et de l'instruction.*

83. La police judiciaire militaire recherche les crimes ou les délits, en rassemble les preuves, et en livre les auteurs à l'autorité chargée d'en poursuivre la répression devant les tribunaux militaires.

84. La police judiciaire militaire est exercée, sous l'autorité du général commandant la division : — 1° Par les adjudants de place ; — 2° Par les officiers, sous-officiers et commandants de brigade de gendarmerie ; — 3° Par les chefs de poste ; — 4° Par les gardes de l'artillerie et du génie ; — 5° Par les rapporteurs près les conseils de guerre, en cas de flagrant délit.

85. Les commandants et majors de place, les chefs de corps, de dépôt et de détachement, les chefs de service d'artillerie et du génie, les membres du corps de l'intendance militaire, peuvent faire personnellement, ou requérir les officiers de police judiciaire, chacun en ce qui le concerne, de faire tous les actes nécessaires à l'effet de constater les crimes et les délits, et d'en livrer les auteurs aux tribunaux chargés de les punir.

86. Les officiers de police judiciaire reçoivent, en cette qualité, les dénonciations et les plaintes qui leur sont adressées. — Ils rédigent les procès-verbaux nécessaires pour constater le corps du délit et l'état des lieux. — Ils reçoivent les déclarations des personnes présentes ou qui auraient des renseignements à donner. — Ils se saisissent des armes, effets, papiers et pièces tant à charge qu'à décharge, et, en général, de tout ce qui peut servir à la manifestation de la vérité, en se conformant aux art. 31, 33, 36, 37, 38, 39 et 65 du Code d'instruction criminelle.

87. Dans les cas de flagrant délit, tout officier de police judiciaire, militaire et ordinaire, peut faire saisir les militaires ou les individus justiciables des tribunaux militaires, inculpés d'un crime ou d'un délit. Il les fait conduire immédiatement devant l'autorité militaire et dresse procès-verbal de l'arrestation, en y consignant leurs noms, qualités et signalement.

88. Hors le cas de flagrant délit, tout militaire ou tout individu justiciable des conseils de guerre, en activité de service, inculpé d'un crime ou d'un délit, ne peut être arrêté qu'en vertu de l'ordre de ses supérieurs.

89. Lorsque l'autorité militaire est appelée, hors le cas de flagrant délit, à constater, dans un établissement civil, un crime ou un délit de la compétence des tribunaux militaires, ou à y faire arrêter un de ses justiciables, elle adresse à l'autorité civile ou judiciaire compétente ses réquisitions tendant, soit à obtenir l'entrée de cet établissement, soit à assurer l'arrestation de l'inculpé. — L'autorité judiciaire ordinaire est tenue de déférer à ces réquisitions, et, dans le cas de conflit, de s'assurer de la personne de l'inculpé. — Lorsqu'il s'agit d'un établissement maritime, la réquisition est adressée à l'autorité maritime.

90. Les mêmes réquisitions sont adressées par l'autorité civile à l'autorité militaire, lorsqu'il y a lieu, soit de constater un crime ou un délit de la compétence des tribunaux ordinaires dans un établissement militaire, soit d'y arrêter un individu justiciable de ces tribunaux. — L'autorité militaire est tenue de déférer à ces réquisitions, et, dans le cas de conflit, de s'assurer de la personne de l'inculpé.

91. Les officiers de police judiciaire militaire ne peuvent s'introduire dans une maison particulière, si ce n'est avec l'assistance, soit du juge de paix, soit de son suppléant, soit du maire, soit de son adjoint, soit du commissaire de police.

92. Chaque feuillet du procès-verbal dressé par un officier de police judiciaire militaire est signé par lui et par les personnes qui y ont assisté. En cas de refus ou d'impossibilité de signer de la part de celles-ci, il en est fait mention.

93. A défaut d'officier de police judiciaire militaire présent sur les lieux, les officiers de police judiciaire ordinaire recherchent et constatent les crimes et les délits soumis à la juridiction des conseils de guerre.

94. Dans le cas d'insoumission, la plainte est dressée par le commandant du dépôt de recrutement du département auquel appartient l'insoumis. — La plainte énonce l'époque à laquelle l'insoumis aurait dû rejoindre. — Sont annexés à la plainte : — 1° La copie de la notification faite à domicile de la lettre de mise en activité ; — 2° La copie des pièces énonçant que l'insoumis n'est pas arrivé à la destination qui lui avait été assignée ; — 3° L'exposé des circonstances qui ont accompagné l'insoumission. — S'il s'agit d'un engagé volontaire ou d'un remplaçant qui n'a pas rejoint le corps, une expédition de l'acte de l'engagement ou du remplacement est annexée à la plainte.

95. Dans le cas de désertion, la plainte est dressée par le chef du corps ou du détachement auquel le déserteur appartient. — Sont annexés à cet acte : — 1° Un extrait du registre matricule du corps ; — 2° Un état indicatif des armes et des objets qui auraient été emportés par l'inculpé ; — 3° L'exposé des circonstances qui ont accompagné la désertion.

96. Il n'est pas dérogé par les articles précédents aux lois, décrets et règlements relatifs aux devoirs imposés à la gendarmerie, aux chefs de poste et autres militaires dans l'exercice de leurs fonctions ou pendant le service.

97. Les actes et procès-verbaux dressés par les officiers de police judiciaire militaire sont transmis sans délai, avec les pièces et documents, au général commandant la division. — Les actes et procès-verbaux émanés des officiers de police ordinaire sont transmis directement au procureur impérial, qui les adresse, sans délai, au général commandant la division.

98. S'il s'agit d'un individu justiciable des tribunaux ordinaires, le général commandant envoie les pièces au procureur impérial près le tribunal du chef-lieu de la division militaire ; et, si l'inculpé est arrêté, il le met à la disposition de ce magistrat et en informe le ministre de la guerre.

99. La poursuite des crimes et délits ne peut avoir lieu, à peine de nullité, que sur un ordre d'informer donné par le général commandant la division, soit d'office, soit d'après les rapports, actes ou procès-verbaux dressés conformément aux articles précédents. — L'ordre d'informer est donné par le ministre de la guerre, si l'inculpé est colonel, officier général ou maréchal de France.

100. L'ordre d'informer pour chaque affaire est adressé au commissaire impérial près le conseil de guerre qui doit en connaître, avec les rapports, procès-verbaux, pièces, objets saisis et autres documents à l'appui. — Le commissaire impérial transmet immédiatement toutes les pièces au rapporteur.

101. Le rapporteur procède à l'interrogatoire du prévenu. — Il l'interroge sur ses nom, prénoms, âge, lieu de naissance, profession, domicile, et sur les circonstances du délit ; il lui fait représenter toutes les pièces pouvant servir à conviction, et il l'interpelle pour qu'il ait à déclarer s'il les reconnaît. S'il y a plusieurs prévenus du même délit, chacun d'eux est interrogé séparément, sauf à les confronter, s'il y a lieu. — L'interrogatoire fini, il en est donné lecture au prévenu, afin qu'il déclare si les réponses ont été fidèlement transcrites, si elles contiennent la vérité et s'il y persiste. L'interrogatoire est signé par le prévenu et clos par la signature du rapporteur et celle du greffier. — Si le prévenu refuse de signer, mention est faite de son refus. — Il est pareillement donné lecture au prévenu des procès-verbaux de l'information.

102. Le rapporteur cite les témoins par le ministère des agents de la force publique et les entend ; il décerne les commissions rogatoires et fait les autres actes d'instruction que l'affaire peut exiger, en se conformant aux articles 73, 74, 75, 76, 78, 79, 82, 83 et 83 du Code d'instruction criminelle. — Si les témoins résident hors du lieu où se fait l'information, le rapporteur peut requérir, par commission rogatoire, soit le rapporteur près le conseil de guerre, soit le juge d'instruction, soit le juge de paix du lieu dans lequel ces témoins sont résidants, à l'effet de recevoir leur déposition. — Le rapporteur saisi de l'affaire peut également adresser des commissions rogatoires aux fonctionnaires ci-dessus mentionnés, lorsqu'il faut procéder hors du lieu où se fait l'information, soit aux recherches prévues par l'article 86 du présent Code, soit à tout autre acte d'instruction.

103. Toute personne citée pour être entendue en témoignage est tenue de comparaître et de satisfaire à la citation. Si elle ne comparaît pas, le rapporteur peut, sur les conclusions du commissaire impérial, sans autre formalité ni délai, prononcer une amende qui n'excède pas cent francs, et peut ordonner que la personne citée sera contrainte par corps à venir donner son témoignage. — Le témoin ainsi condamné à l'amende sur le premier défaut, et qui, sur la seconde citation, produira devant le rapporteur des excuses légitimes, pourra, sur les conclusions du commissaire impérial, être déchargé de l'amende.

104. Si les déclarations ont été recueillies par un magistrat ou un officier de police judiciaire avant l'ordre d'informer, le rapporteur peut se dispenser d'entendre ou de faire entendre les témoins qui auront déjà déposé.

105. Si le prévenu n'est pas arrêté, le rapporteur peut décerner contre lui, soit un mandat de comparution, soit un mandat d'amener. — Le mandat est adressé par le commissaire impérial au commandant militaire du lieu, qui le fait exécuter. — Après l'interrogatoire du prévenu, le mandat de comparution ou d'amener peut être converti en mandat de dépôt. — Le mandat de dépôt est exécuté sur l'exhibition qui en est faite au concierge de la prison. — Le commissaire impérial rend compte au général commandant la division des mandats de comparution, d'amener ou de dépôt qui ont été décernés par le rapporteur.

106. S'il résulte de l'instruction que le prévenu a des complices justiciables des conseils de guerre, le rapporteur en réfère, par l'intermédiaire du commissaire impérial, au général commandant la division, et il est procédé à l'égard des prévenus de complicité conformément à l'art. 99. — Si les complices, ou l'un d'eux, ne sont pas justiciables des conseils de guerre, le commissaire impérial en donne avis sur-le-champ au général commandant la division, qui renvoie l'affaire à l'autorité compétente.

107. Pendant le cours de l'instruction, le commissaire impérial peut prendre connaissance des pièces de la procédure et faire toutes les réquisitions qu'il juge convenables.

SECTION II. — *De la mise en jugement et de la convocation du conseil de guerre.*

108. L'instruction terminée, le rapporteur transmet les pièces, avec son rapport et son avis, au commissaire impérial, lequel les adresse immédiatement, avec ses conclusions, au général commandant la division, qui prononce sur la mise en jugement. — Lorsque c'est le ministre de la guerre qui a donné l'ordre d'informer, les pièces lui sont adressées par le général commandant la division, et il statue directement sur la mise en jugement.

109. L'ordre de mise en jugement est adressé au commissaire impérial avec toutes les pièces de la procédure. — Trois jours avant la réunion du conseil de guerre, le commissaire impérial notifie cet ordre à l'accusé, en lui faisant connaître le crime ou le délit pour lequel il est mis en jugement, le texte de la loi applicable, et les noms des témoins qu'il se propose de faire citer. — Il l'avertit, en outre, à peine de nullité, que, s'il ne fait pas choix d'un défenseur, il lui en sera nommé un d'office par le président.

110. Le défenseur doit être pris, soit parmi les militaires, soit parmi les avocats et les avoués, à moins que l'accusé n'obtienne du président la permission de prendre pour défenseur un de ses parents ou amis.

111. Le général commandant la division, en adressant l'ordre de mise en jugement, ordonne de convoquer le conseil de guerre et fixe le jour et l'heure de sa réunion ; il en donne avis au président et au commissaire impérial, qui fait les convocations nécessaires.

112. Le défenseur de l'accusé peut communiquer avec lui aussitôt l'accomplissement des formalités prescrites par l'article 109 ; il peut aussi prendre communication sans déplacement ou obtenir copie, à ses frais, de tout ou partie des pièces de la procédure, sans néanmoins que la réunion du conseil puisse être retardée.

SECTION III. — *De l'examen et du jugement.*

113. Le conseil de guerre se réunit au jour et à l'heure fixés par l'ordre de convocation. — Des exemplaires du présent Code, du Code d'instruction criminelle et du Code pénal ordinaire sont déposés sur le bureau. — Les séances sont publiques, à peine de nullité ; néanmoins, si cette publicité paraît dangereuse pour l'ordre ou pour les mœurs, le conseil ordonne que les débats aient lieu à huis clos. Dans tous les cas, le jugement est prononcé publiquement. — Le conseil peut interdire le compte rendu de l'affaire ; cette interdiction ne peut s'appliquer au jugement.

114. — Le président a la police de l'audience.

115. Les assistants sont sans armes ; ils se tiennent découverts, dans le respect et le silence. Lorsque les assistants donnent des signes d'approbation ou d'improbation, le président les fait expulser. S'ils résistent à ses ordres, le président ordonne leur arrestation et leur détention pendant un temps qui ne peut excéder quinze jours. Les individus justiciables des conseils de guerre sont conduits dans la prison militaire, et les autres individus à la maison d'arrêt civile. Il est fait mention, dans le procès-verbal, de l'ordre du président ; et, sur l'exhibition qui est faite de cet ordre au gardien de la prison, les perturbateurs y sont reçus. — Si le trouble ou le tumulte a pour but de mettre obstacle au cours de la justice, les perturbateurs, quels qu'ils soient, sont, audience tenante, déclarés coupables de rébellion par le conseil de guerre, et punis d'un emprisonnement qui ne peut excéder deux ans. — Lorsque les assistants ou les témoins se rendent coupables, envers le conseil de guerre ou l'un de ses membres, de voies de fait ou d'outrages ou menaces par propos ou gestes, ils sont condamnés séance tenante : — 1° S'ils sont militaires ou assimilés aux militaires, quels que soient leurs grades ou rangs, aux peines prononcées par le présent Code contre les crimes ou délits, lorsqu'ils ont été commis envers des supérieurs pendant le service ; — 2° S'ils ne sont ni militaires, ni assimilés aux militaires, aux peines portées par le Code pénal ordinaire.

116. Lorsque des crimes ou des délits autres que ceux prévus par l'article précédent sont commis dans le lieu des séances, il est procédé de la manière suivante : — 1° Si l'auteur du crime ou du délit est justiciable des tribunaux militaires, il est jugé immédiatement ; — 2° Si l'auteur du crime ou délit n'est point justiciable des tribunaux militaires, le président, après avoir fait dresser procès-verbal des faits et des dépositions des témoins, renvoie les pièces et l'inculpé devant l'autorité compétente.

117. Le président fait amener l'accusé, lequel comparaît sous garde suffisante, libre et sans fers, assisté de son défenseur ; il lui demande ses nom et prénoms, son âge, sa profession, sa demeure et le lieu de sa naissance ; si l'accusé refuse de répondre, il est passé outre.

118. Si l'accusé refuse de comparaître, sommation d'obéir à la justice lui est faite au nom de la loi par un agent de la force publique commis à cet effet par le président. Cet agent dresse procès-verbal de la sommation et de la réponse de l'accusé. Si l'accusé n'obtempère pas à la sommation, le président peut ordonner qu'il soit amené par la force devant le conseil, il peut également après lecture faite à l'audience du procès-verbal constatant sa résistance, ordonner que, nonobstant son absence, il soit passé outre aux débats. — Après chaque audience, il est, par le greffier du conseil de guerre, donné lecture, à l'accusé qui n'a pas comparu, du procès-verbal des débats, et il lui est signifié copie des réquisitions du commissaire impérial, ainsi que des jugements rendus, qui tous sont réputés contradictoires.

119. Le président peut faire retirer de l'audience et reconduire en prison tout accusé qui, par des clameurs ou par tout autre moyen propre à causer du tumulte, met obstacle au libre cours de la justice, et il est procédé aux débats et au jugement comme si l'accusé était présent. L'accusé peut être condamné, séance tenante, pour ce seul fait, à un emprisonnement qui ne peut excéder deux ans. — Si l'accusé militaire ou assimilé aux militaires se rend coupable de voies de fait, ou d'outrages ou menaces par propos ou gestes, envers le conseil ou l'un de ses membres, il est condamné, séance tenante, aux peines prononcées par le présent Code contre ces crimes ou délits, lorsqu'ils ont été commis envers des supérieurs pendant le service. — Dans le cas prévu par le paragraphe précédent, si l'accusé n'est ni militaire, ni assimilé aux militaires, il est condamné aux peines portées par le Code pénal ordinaire.

120. Dans les cas prévus par les art. 115, 118 et 119 du présent Code, le jugement rendu, le greffier en donne lecture à l'accusé et l'avertit du droit qu'il a de former un recours en révision dans les vingt-quatre heures. Il dresse procès-verbal, le tout à peine de nullité.

121. Le président fait lire par le greffier l'ordre de convocation, le rapport prescrit par l'art. 108 du présent Code, et les pièces dont il lui paraît nécessaire de donner connaissance au conseil. Il fait connaître à l'accusé le crime ou le délit pour lequel il est poursuivi ; il l'avertit que la loi lui donne le droit de dire tout ce qui est utile à sa défense, il avertit aussi le défenseur de l'accusé qu'il ne peut rien dire contre sa conscience, ou contre le respect qui est dû aux lois, et qu'il doit s'exprimer avec décence et modération.

122. Aucune exception tirée de la composition du conseil, aucune récusation, ne peuvent être proposées contre les membres du conseil de guerre, sans préjudice du droit pour l'accusé de former un recours en révision, dans les cas prévus par l'art. 74, n° 1, du présent Code.

123. Si l'accusé a des moyens d'incompétence à faire valoir, il ne peut les proposer devant le conseil de guerre qu'avant l'audition des témoins. — Cette exception est jugée sur-le-champ. — Si l'exception est rejetée, le conseil passe au jugement de l'affaire, sauf à l'accusé à se pourvoir contre le jugement sur la compétence en même temps que contre la décision rendue sur le fond. — Il en est de même pour le jugement de toute autre exception ou de tout incident soulevé dans le cours des débats.

124. Les jugements sur les exceptions, les moyens d'incompétence et les incidents sont rendus à la majorité des voix.

125. Le président est investi d'un pouvoir discrétionnaire pour la direction des débats et la découverte de la vérité. — Il peut, dans le cours des débats, appeler, même par mandat de comparution et d'amener, toute personne dont l'audition lui paraît nécessaire ; il peut aussi faire apporter toute pièce qui lui paraîtrait utile à la manifestation de la vérité. — Les personnes ainsi appelées ne prêtent pas serment, et leurs déclarations ne sont considérées que comme renseignements.

126. Dans le cas où l'un des témoins ne se présente pas, le conseil de guerre peut passer outre aux débats, et lecture est donnée de la déposition du témoin absent.

127. Si, d'après les débats, la déposition d'un témoin paraît fausse, le président peut, sur la réquisition, soit du commissaire impérial, soit de l'accusé, et même d'office, faire sur-le-champ mettre le témoin en état d'arrestation. Si le témoin est justiciable des conseils de guerre, le président, ou l'un des juges nommés par lui, procède à l'instruction. Quand elle est terminée, elle est envoyée au général commandant la division. — Si le témoin n'est pas justiciable des conseils de guerre, le président, après avoir dressé procès-verbal et avoir fait arrêter l'inculpé, s'il y a lieu, le renvoie, avec le procès-verbal, devant le procureur impérial du lieu où siège le conseil de guerre.

128. Les dispositions des art. 315, 316, 317, 318, 319, 320, 321, 322, 323, 324, 325, 326, 327, 328, 329, 332, 333, 334, 354, 355 du Code d'instruction criminelle sont observées devant les conseils de guerre.

129. L'examen et les débats sont continués sans interruption, et le président ne peut les suspendre que pendant les intervalles nécessaires pour le repos des juges, des témoins et des accusés. — Les débats peuvent être encore suspendus si un témoin dont la déposition est essentielle ne s'est pas présenté, ou si, la déclaration d'un témoin ayant paru fausse, son arrestation a été ordonnée, ou lorsqu'un fait important reste à éclaircir. — Le conseil prononce sur la suspension des débats à la majorité des voix, et, dans le cas où la suspension dure plus de quarante-huit heures, les débats sont recommencés en entier.

130. Le président procède à l'interrogatoire de l'accusé et reçoit les dépositions des témoins. — Le commissaire impérial est entendu dans ses réquisitions et développe les moyens qui appuient l'accusation. — L'accusé et son défenseur sont entendus dans leur défense. — Le commissaire impérial réplique, s'il le juge convenable ; mais l'accusé et son défenseur ont toujours la parole les derniers. — Le président demande à l'accusé s'il n'a rien à ajouter à sa défense, et déclare ensuite que les débats sont terminés.

131. Le président fait retirer l'accusé. — Les juges se rendent dans la chambre du conseil, ou, si les localités ne le permettent pas, le président fait retirer l'auditoire. — Les juges ne peuvent plus communiquer avec personne ni se séparer avant que le jugement ait été rendu. Ils délibèrent hors la présence du commissaire impérial et du greffier. — Ils ont sous les yeux les pièces de la procédure. — Le président recueille les voix, en commençant par le grade inférieur ; il émet son opinion le dernier.

132. Les questions sont posées par le président dans l'ordre suivant pour chacun des accusés : — 1° L'accusé est-il coupable du fait qui lui est imputé ? — 2° Ce fait a-t-il été commis avec telle ou telle circonstance aggravante ? — 3° Ce fait a-t-il été commis dans telle ou telle circonstance qui le rend excusable d'après la loi ? — Si l'accusé est âgé de moins de seize ans, le président pose cette question : L'accusé a-t-il agi avec discernement ?

133. Les questions indiquées par l'article précédent ne peuvent être résolues contre l'accusé qu'à la majorité de cinq voix contre deux.

134. Si l'accusé est déclaré coupable, le conseil de guerre délibère sur l'application de la peine. — Dans le cas où la loi autorise l'admission de circonstances atténuantes, si le conseil de guerre reconnaît qu'il en existe en faveur de l'accusé, il le déclare à la majorité absolue des voix. — La peine est prononcée à la majorité de cinq voix contre deux. — Si aucune peine ne réunit cette majorité, l'avis le plus favorable sur l'application de la peine est adopté.

135. En cas de conviction de plusieurs crimes ou délits, la peine la plus forte est seule prononcée.

136. Le jugement est prononcé en séance publique. — Le président donne lecture des motifs et du dispositif. — Si l'accusé n'est pas reconnu coupable, le conseil prononce son acquittement, et le président ordonne qu'il soit mis en liberté, s'il n'est retenu pour autre cause. — Si le conseil de guerre déclare que le fait commis par l'accusé ne donne lieu à l'application d'aucune peine, il prononce son absolution, et le président ordonne qu'il sera mis en liberté à l'expiration du délai fixé pour le recours en révision.

137. Tout individu acquitté ou absous ne peut être repris ni accusé à raison du même fait.

138. Si le condamné est membre de l'ordre impérial de la Légion d'honneur ou décoré de la Médaille militaire, le jugement déclare, dans les cas prévus par les lois, qu'il cesse de faire partie de la Légion d'honneur ou d'être décoré de la Médaille militaire.

139. Le jugement qui prononce une peine contre l'accusé le condamne aux frais envers l'État. Il ordonne, en outre, dans les cas prévus par la loi, la confiscation des objets saisis et la restitution, soit au profit de l'État, soit au profit des propriétaires, de tous objets saisis ou produits au procès comme pièces de conviction.

140. Le jugement fait mention de l'accomplissement de toutes les formalités prescrites par la présente section. — Il ne reproduit ni les réponses de l'accusé, ni les dépositions des témoins. — Il contient les décisions rendues sur les moyens d'incompétence, les exceptions et les incidents. — Il énonce, à peine de nullité, — 1° Les noms et grades des juges; — 2° Les nom, prénoms, âge, profession et domicile de l'accusé; — 3° Le crime ou le délit pour lequel l'accusé a été traduit devant le conseil de guerre; — 4° La prestation de serment des témoins; — 5° Les réquisitions du commissaire impérial; 6° Les questions posées, les décisions et le nombre des voix; — 7° Le texte de la loi appliquée; — 8° La publicité des séances ou la décision qui a ordonné le huis clos; — 9° La publicité de la lecture du jugement faite par le président; — 10° Le jugement, écrit par le greffier, est signé sans désemparer par le président, les juges et le greffier.

141. Le commissaire impérial fait donner lecture du jugement à l'accusé par le greffier, en sa présence et devant la garde rassemblée sous les armes. — Aussitôt après cette lecture, il avertit le condamné que la loi lui accorde vingt-quatre heures pour exercer son recours devant le conseil de révision. — Le greffier dresse du tout un procès-verbal signé par lui et par le commissaire impérial.

142. Lorsqu'il résulte, soit des pièces produites, soit des dépositions des témoins entendus dans les débats, que l'accusé peut être poursuivi pour d'autres crimes ou délits que ceux qui ont fait l'objet de l'accusation, le conseil de guerre, après le prononcé du jugement, renvoie, sur les réquisitions du commissaire impérial, ou même d'office, le condamné au général qui a donné l'ordre de mise en jugement, pour être procédé, s'il y a lieu, à l'instruction. S'il y a eu condamnation, il est sursis à l'exécution du jugement. — S'il y a eu acquittement ou absolution, le conseil de guerre ordonne que l'accusé demeure en état d'arrestation jusqu'à ce qu'il ait été statué sur les faits nouvellement découverts.

143. Le délai de vingt-quatre heures accordé au condamné pour se pourvoir en révision court à partir de l'expiration du jour où le jugement lui a été lu. —

La déclaration du recours est reçue par le greffier ou par le directeur de l'établissement où est détenu le condamné. La déclaration peut être faite par le défenseur du condamné.

144. Dans le cas d'acquittement ou d'absolution de l'accusé, l'annulation du jugement ne pourra être poursuivie par le commissaire impérial que conformément aux art. 409 et 410 du Code d'instruction criminelle. — Le recours du commissaire impérial est formé, au greffe, dans le délai prescrit par l'article précédent.

145. — S'il n'y a pas de recours en révision, et si, aux termes de l'art. 80 du présent Code, le pourvoi en cassation est interdit, le jugement est exécutoire dans les vingt-quatre heures après l'expiration du délai fixé pour le recours. — S'il y a recours en révision, il est sursis à l'exécution du jugement.

146. — Si le recours en révision est rejeté, et si, aux termes de l'art. 80 du présent Code, le pourvoi en cassation est interdit, le jugement de condamnation est exécuté dans les vingt-quatre heures après la réception du jugement qui a rejeté le recours.

147. Lorsque la voie du pourvoi en cassation est ouverte, aux termes de l'art. 81 du présent Code, le condamné doit former son pourvoi dans les trois jours qui suivent la notification de la décision du conseil de révision, et, s'il n'y a pas eu recours devant ce conseil, dans les trois jours qui suivent l'expiration du délai accordé pour l'exercer. — Le pourvoi en cassation est reçu par le greffier ou par le directeur de l'établissement où est détenu le condamné.

148. Dans le cas où le pourvoi en cassation est autorisé par l'art. 81 du présent Code, s'y n'y a pas eu pourvoi, le jugement de condamnation est exécuté dans les vingt-quatre heures après l'expiration du délai fixé pour le pourvoi, et, s'il y a eu pourvoi, dans les vingt-quatre heures après la réception de l'arrêt qui l'a rejeté.

149. Le commissaire impérial rend compte au général commandant la division, suivant les cas, soit du jugement du conseil de révision, soit de l'arrêt de rejet de la Cour de cassation, soit du jugement du conseil de guerre s'il n'y a eu, dans les délais, ni recours en révision, ni pourvoi en cassation. Il requiert l'exécution du jugement.

150. — Le général commandant la division peut suspendre l'exécution du jugement, à la charge d'en informer sur-le-champ le ministre de la guerre.

151. Les jugements des conseils de guerre sont exécutés sur les ordres du général commandant la division et à la diligence du commissaire impérial, en présence du greffier, qui dresse procès-verbal. — La minute de ce procès-verbal est annexée à la minute du jugement, en marge de laquelle il est fait mention de l'exécution. — Dans les trois jours de l'exécution, le commissaire impérial est tenu d'adresser une expédition du jugement au chef du corps dont faisait partie le condamné. — Si le condamné est membre de la Légion d'honneur, décoré de la Médaille militaire ou d'un ordre étranger, il est également adressé une expédition au grand chancelier. — Toute expédition du jugement de condamnation fait mention de l'exécution.

CHAPITRE II. — *Procédure devant les conseils de guerre aux armées, dans les divisions territoriales en état de guerre, et dans les communes, les départements et les places de guerre en état de siège.*

152. La procédure établie pour les conseils de guerre dans les divisions territoriales en état de paix est suivie dans les conseils de guerre aux armées, dans les divisions territoriales en état de guerre, dans les communes, les départements et les places de guerre en état de siège, sauf les modifications portées dans les articles suivants.

153. Lorsqu'un officier de police judiciaire militaire, dans les cas prévus par les art. 89 et 91 du présent Code, doit pénétrer dans un établissement civil ou dans une habitation particulière, et qu'il ne se trouve sur les lieux aucune autorité civile chargée de l'assister, il peut passer outre, et mention en est faite dans le procès-verbal.

154. L'ordre d'informer est donné : — Par le général en chef, à l'égard des inculpés justiciables du conseil de guerre du quartier général de l'armée ; — Par le général commandant le corps d'armée, à l'égard des inculpés justiciables du conseil de guerre du corps d'armée ; — Par le général commandant la division, à l'égard des inculpés justiciables du conseil de guerre de la division ; — Par le commandant du détachement de troupes, à l'égard des inculpés justiciables du conseil de guerre formé dans le détachement ; — Par le gouverneur ou commandant supérieur, dans les places de guerre en état de siége.

155. L'ordre de mise en jugement et de convocation du conseil de guerre est donné par l'officier qui a ordonné l'information.

156. L'accusé peut être traduit directement, et sans instruction préalable, devant le conseil de guerre.

157. Le général en chef a, dans l'étendue de son commandement, toutes les attributions dévolues au ministre de la guerre, dans les divisions territoriales, par les art. 99, 106, 108 et 150 du présent Code, sauf les cas prévus par les articles 209 et 210. — Les mêmes pouvoirs sont accordés au gouverneur et au commandant supérieur dans les places de guerre en état de siége.

158. Les conseils de guerre aux armées, dans les divisions territoriales en état de guerre, dans les communes, les départements et les places de guerre en état de siége, statuent, séance tenante, et sur tous les crimes et délits commis à l'audience, alors même que le coupable ne serait pas leur justiciable.

TITRE II. — PROCÉDURE DEVANT LES CONSEILS DE RÉVISION.

159. Après la déclaration du recours, le commissaire impérial près le conseil de guerre adresse sans retard au commissaire impérial près le conseil de révision une expédition du jugement et de l'acte de recours. Il y joint les pièces de la procédure et la requête de l'accusé, si elle a été déposée.

160. Le commissaire impérial près le conseil de révision envoie sur-le-champ les pièces de la procédure au greffe du conseil où elles restent déposées pendant vingt-quatre heures. — Le défenseur de l'accusé peut en prendre communication sans déplacement et produire avant le jugement les requêtes, mémoires et pièces qu'il juge utiles. — Le greffier tient un registre sur lequel il mentionne à leur date les productions faites par le commissaire impérial et par le condamné.

161. A l'expiration du délai de vingt-quatre heures, les pièces de l'affaire sont renvoyées par le président à l'un des juges pour en faire le rapport.

162. Le conseil de révision prononce dans les trois jours, à dater du dépôt des pièces.

163. Dans le cas d'une des incapacités prévues par l'art. 31 du présent Code, l'exception doit être proposée avant l'ouverture des débats, et elle est jugée par le conseil de révision, dont la décision est sans recours.

164. Le rapporteur expose les moyens de recours ; il présente ses observations, sans toutefois faire connaître son opinion. Après le rapport, le défenseur du condamné est entendu ; il ne peut plaider sur le fond de l'affaire. — Le commissaire impérial discute les moyens présentés dans la requête ou à l'audience, ainsi que ceux qu'il croit devoir proposer d'office, et il donne ses conclusions, sur lesquelles le défenseur est admis à présenter des observations.

165. Les juges se retirent dans la chambre du conseil ; si les localités ne le permettent pas, ils font retirer l'auditoire ; ils délibèrent hors de la présence du commissaire impérial et du greffier. — Ils statuent sans désemparer et à la majorité des voix, sur chacun des moyens proposés. — Le président recueille les voix, en commençant par le grade inférieur. Toutefois, le rapporteur opine toujours le premier. — Le jugement est motivé. En cas d'annulation, le texte de la loi violée ou faussement appliquée est transcrit dans le jugement. — Le jugement est prononcé, par le président, en audience publique. — La minute est signée par le président et par le greffier.

166. Si le recours est rejeté, le commissaire impérial transmet le jugement du conseil de révision et les pièces au commissaire impérial près le conseil de guerre qui a rendu le jugement, et il en donne avis au général commandant la division.

167. Si le conseil de révision annule le jugement pour incompétence, il prononce le renvoi devant la juridiction compétente, et, s'il l'annule pour tout autre motif, il renvoie l'affaire devant le conseil de guerre de la division qui n'en a pas connu, ou, à défaut d'un second conseil de guerre dans la division, devant celui d'une des divisions voisines.

168. Le commissaire impérial près le conseil de révision envoie au commissaire impérial près le conseil de guerre dont le jugement est annulé une expédition du jugement d'annulation. — Ce jugement est, à la diligence du commissaire impérial, transcrit sur les registres du conseil de guerre. Il en est fait mention en marge du jugement annulé.

169. Le commissaire impérial près le conseil de révision transmet sans délai les pièces du procès, avec une expédition du jugement d'annulation, au commissaire impérial près le conseil de guerre devant lequel l'affaire est renvoyée. — Si le jugement a été annulé pour cause d'incompétence de la juridiction militaire, les pièces sont transmises au procureur impérial près le tribunal du lieu où siége le conseil de révision. Il est procédé, pour le surplus, comme à l'art. 98 du présent Code.

170. Si l'annulation a été prononcée pour inobservation des formes, la procédure est recommencée, à partir du premier acte nul. Il est procédé à de nouveaux débats. — Néanmoins, si l'annulation n'est prononcée que pour fausse application de la peine aux faits dont l'accusé a été déclaré coupable, la déclaration de la culpabilité est maintenue, et l'affaire n'est renvoyée devant le nouveau conseil de guerre que pour l'application de la peine.

171. Si le deuxième jugement est annulé, l'affaire doit être renvoyée devant un conseil de guerre qui n'en ait point connu.

172. — Les dispositions des art. 110, 113, 114 et 115 du présent Code, relatifs aux conseils de guerre, sont applicables aux conseils de révision. — Dans les cas prévus par l'art. 116, il est procédé comme au dernier paragraphe de cet article. — Dans tous les cas, les décisions sont prises à la majorité indiquée par l'art. 165.

TITRE III. — PROCÉDURE DEVANT LES PRÉVÔTÉS.

173. Les prévôtés sont saisies par le renvoi que leur fait l'autorité militaire ou par la plainte de la partie lésée. — Dans le cas de flagrant délit, ou même en cas d'urgence, elles peuvent procéder d'office.

174. Les prévenus sont amenés devant la prévôté, qui juge publiquement. — La partie plaignante expose sa demande. — Les témoins prêtent serment. — Les prévenus présentent leur défense. — Le jugement est motivé ; il est signé par le prévôt et par le greffier ; il est exécutoire sur minute.

TITRE IV.—DE LA CONTUMACE ET DES JUGEMENTS PAR DÉFAUT.

175. Lorsqu'après l'ordre de mise en jugement, l'accusé d'un fait qualifié crime n'a pu être saisi, ou lorsqu'après avoir été saisi il s'est évadé, le président du conseil de guerre rend une ordonnance indiquant le crime pour lequel l'accusé est poursuivi et portant qu'il sera tenu de se présenter dans un délai de dix jours.—Cette ordonnance est mise à l'ordre du jour.

176. Après l'expiration du délai de dix jours, à partir de la mise à l'ordre du jour de l'ordonnance du président, il est procédé, sur l'ordre du général commandant la division, au jugement par contumace.— Nul défenseur ne peut se présenter pour l'accusé contumax.— Les rapports et procès-verbaux, la déposition des témoins et les autres pièces de l'instruction sont lus en entier à l'audience. — Le jugement est rendu dans la forme ordinaire, mis à l'ordre du jour, et affiché à la porte du lieu où siége le conseil de guerre et à la mairie du domicile du condamné. — Le greffier et le maire dressent procès-verbal, chacun en ce qui le concerne. — Ces formalités tiennent lieu de l'exécution du jugement par effigie.

177. Le recours en révision contre les jugements par contumace n'est ouvert qu'au commissaire impérial.

178. Les art. 471, 474, 475, 476, 477 et 478 du Code d'instruction criminelle sont applicables aux jugements par contumace rendus par les conseils de guerre.

179. Lorsqu'il s'agit d'un fait qualifié délit par la loi, si l'accusé n'est pas présent, il est jugé par défaut.—Le jugement, rendu dans la forme ordinaire, est mis à l'ordre du jour de la place, affiché à la porte du lieu où siége le conseil de guerre, et signifié à l'accusé ou à son domicile. — Dans les cinq jours, à partir de la signification, outre un jour par cinq myriamètres, l'accusé peut former opposition. — Ce délai expiré sans qu'il ait été formé d'opposition, le jugement est réputé contradictoire.

TITRE V.—DISPOSITIONS GÉNÉRALES.

180. La reconnaissance de l'identité d'un individu condamné par un conseil de guerre, évadé et repris, est faite par le conseil de guerre de la division où se trouve le corps dont fait partie le condamné. — Si le condamné n'appartient à aucun corps, la reconnaissance est faite par le conseil de guerre qui a prononcé la condamnation, et, si le conseil a cessé ses fonctions, par le conseil de guerre de la division sur le territoire de laquelle le condamné a été repris.— Le conseil statue sur la reconnaissance en audience publique, en présence de l'individu repris, après avoir entendu les témoins appelés tant par le commissaire impérial que par l'individu repris ; le tout à peine de nullité.—Le commissaire impérial et l'individu repris ont la faculté de se pourvoir en révision contre le jugement qui statue sur la reconnaissance de l'identité.—Les dispositions des paragraphes 1 et 2 ci-dessus sont applicables au jugement des condamnés par contumace qui se représentent ou qui sont arrêtés.

181. Lorsqu'après l'annulation d'un jugement, un second jugement rendu contre le même accusé est annulé pour les mêmes motifs que le premier, l'affaire est renvoyée devant un conseil de guerre d'une des divisions voisines. Ce conseil doit se conformer à la décision du conseil de révision sur le point de droit. — Toutefois, s'il s'agit de l'application de la peine, il doit adopter l'interprétation la plus favorable à l'accusé.—Le troisième jugement ne peut plus être attaqué par les mêmes moyens, si ce n'est par la voie de cassation dans l'intérêt de la loi, aux termes des art. 441 et 442 du Code d'instruction criminelle.

182. Lorsque les conseils de guerre ou de révision

aux armées, dans les divisions territoriales en état de guerre, dans les communes, départements et places de guerre en état de siége, cessent leurs fonctions, les affaires dont l'information est commencée sont portées devant les conseils de guerre des divisions territoriales désignées par le ministre de la guerre.

183. Toutes assignations, citations et notifications aux témoins, inculpés ou accusés, sont faites sans frais par la gendarmerie ou par tous autres agents de la force publique.

184. Les dispositions du chapitre V du titre VII du livre II du Code d'instruction criminelle, relatives à la prescription, sont applicables à l'action publique résultant d'un crime ou délit de la compétence des juridictions militaires, ainsi qu'aux peines résultant des jugements rendus par ces tribunaux.—Toutefois, la prescription contre l'action publique résultant de l'insoumission ou de la désertion, ne commence à courir que du jour où l'insoumis ou le déserteur a atteint l'âge de quarante-sept ans (1). — A quelque époque que l'insoumis ou le déserteur soit arrêté, il est mis à la disposition du ministre de la guerre pour compléter, s'il y a lieu, le temps de service qu'il doit encore à l'Etat.

LIVRE IV.—DES CRIMES, DES DÉLITS ET DES PEINES.

TITRE Ier. — DES PEINES ET DE LEURS EFFETS.

185. Les peines qui peuvent être appliquées par les tribunaux militaires en matière de crime sont : — La mort,—Les travaux forcés à perpétuité,—La déportation,— Les travaux forcés à temps,— La détention,—La réclusion,—Le bannissement,—La dégradation militaire.

186. Les peines en matière de délit sont : — La destitution,— Les travaux publics, — L'emprisonnement,—L'amende.

187. Tout individu condamné à la peine de mort par un conseil de guerre est fusillé.

188. Lorsque la condamnation à la peine de mort est prononcée contre un militaire en vertu des lois pénales ordinaires, elle entraîne de plein droit la dégradation militaire.

189. Les peines des travaux forcés, de la déportation, de la détention, de la réclusion et du bannissement, sont appliquées conformément aux dispositions du Code pénal ordinaire. — Elles ont les effets déterminés par ce Code et emportent, en outre, la dégradation militaire.

190. Tout militaire qui doit subir la dégradation militaire, soit comme peine principale, soit comme accessoire d'une peine autre que la mort, est conduit devant la troupe sous les armes. Après la lecture du jugement, le commandant prononce ces mots à haute voix : « N** N** (nom et prénoms du condamné), vous êtes indigne de porter les armes ; de par l'Empereur, nous vous dégradons. » — Aussitôt après, tous les insignes militaires et les décorations dont le condamné est revêtu sont enlevés; et, s'il est officier, son épée est brisée et jetée à terre devant lui. — La dégradation militaire entraîne, — 1° La privation du grade et du droit d'en porter les insignes et l'uniforme ;—2° L'incapacité absolue de servir dans l'armée, à quelque titre que ce soit, et les autres incapacités prononcées par les art. 28 et 34 du Code pénal ordinaire ; — 3° La privation du droit de porter aucune décoration, et la déchéance de tout droit à pension et à récompense pour les services antérieurs.

191. La dégradation militaire, prononcée comme

---

(1) Limite d'âge fixée par l'art. 11 de la loi du 26 avril 1855. V. 5e partie, p. 565.

peine principale, est toujours accompagnée d'un emprisonnement dont la durée, fixée par le jugement, n'excède pas cinq années.

192. La destitution entraîne la privation du grade ou du rang, et du droit d'en porter les insignes distinctifs et l'uniforme.—L'officier destitué ne peut obtenir ni pension, ni récompense, à raison de ses services antérieurs.

193. Le condamné à la peine des travaux publics est conduit à la parade revêtu de l'habillement déterminé par les règlements. — Il y entend devant les troupes la lecture de son jugement. — Il est employé aux travaux d'utilité publique. Il ne peut, en aucun cas, être placé dans les mêmes ateliers que les condamnés aux travaux forcés. — La durée de la peine est de deux ans au moins et de dix ans au plus.

194. La durée de l'emprisonnement est de six jours au moins et de cinq ans au plus.

195. Lorsque les lois pénales prononcent la peine de l'amende, les tribunaux militaires peuvent remplacer cette peine par un emprisonnement de six jours à six mois.

196. Dans les cas prévus par les art. 76, 77, 78 et 79 du présent Code, le tribunal compétent applique aux militaires et aux individus assimilés aux militaires les peines prononcées par les lois militaires, aux individus appartenant à l'armée de mer les peines prononcées par les lois maritimes, et à tous autres individus les peines prononcées par les lois ordinaires, à moins qu'il n'en soit autrement ordonné par une disposition expresse de la loi. — Les peines prononcées contre les militaires sont exécutées conformément aux dispositions du présent Code et à la diligence de l'autorité militaire.

197. Dans les mêmes cas, si les individus non militaires et non assimilés aux militaires sont déclarés coupables d'un crime ou d'un délit non prévu par les lois pénales ordinaires, ils sont condamnés aux peines portées par le présent Code contre ce crime ou ce délit. — Toutefois, les peines militaires sont remplacées à leur égard ainsi qu'il suit : — 1° La dégradation militaire prononcée comme peine principale, par la dégradation civique ; — 2° La destitution et les travaux publics, par un emprisonnement d'un an à cinq ans.

198. Lorsque des individus non militaires ou non assimilés aux militaires sont traduits devant un conseil de guerre, ce conseil peut leur faire application de l'art. 463 du Code pénal ordinaire.

199. Les dispositions des art. 66, 67 et 69 du Code pénal ordinaire, concernant les individus âgés de moins de seize ans, sont observées par les tribunaux militaires. — S'il est décidé que l'accusé a agi avec discernement, les peines de la dégradation militaire, de la destitution et des travaux publics, sont remplacées par un emprisonnement d'un an à cinq ans dans une maison de correction.

200. Les peines prononcées par les tribunaux militaires commencent à courir, savoir : — Celle des travaux forcés, de la déportation, de la détention, de la réclusion et du bannissement, à partir du jour de la dégradation militaire ;—Celle des travaux publics, à partir du jour de la lecture du jugement devant les troupes. — Les autres peines comptent du jour où la condamnation est devenue irrévocable. Toutefois, si le condamné à l'emprisonnement n'est pas détenu, la peine court du jour où il est écroué.

201. Toute condamnation prononcée contre un officier, par quelque tribunal que ce soit, pour l'un des délits prévus par les art. 401, 402, 403, 405, 406, 407 et 408 du Code pénal ordinaire, entraîne la perte du grade.

202. Les art. 2, 3, 59, 60, 61, 62, 63, 64 et 65 du Code pénal ordinaire, relatifs à la tentative de crime ou de délit, à la complicité et aux cas d'ex-

cuses, sont applicables devant les tribunaux militaires, sauf les dérogations prévues par le présent Code.

203. Les fonctionnaires, agents, employés militaires et autres assimilés aux militaires sont, pour l'application des peines, considérés comme officiers, sous-officiers ou soldats, suivant le grade auquel leur rang correspond.

TITRE II. — Des crimes, des délits et de leur punition.

Chapitre Ier. — *Trahison, espionnage et embauchage.*

204. Est puni de mort, avec dégradation militaire, tout militaire français, ou au service de la France, qui porte les armes contre la France. — Est puni de mort, tout prisonnier de guerre qui, ayant faussé sa parole, est repris les armes à la main.

205. Est puni de mort, avec dégradation militaire, tout militaire, — 1° Qui livre à l'ennemi, ou dans l'intérêt de l'ennemi, soit la troupe qu'il commande, soit la place qui lui est confiée, soit les approvisionnements de l'armée, soit les plans des places de guerre ou des arsenaux maritimes, des ports ou rades, soit le mot d'ordre, ou le secret d'une opération, d'une expédition ou d'une négociation ; — 2° Qui entretient des intelligences avec l'ennemi, dans le but de favoriser ses entreprises ; — 3° Qui participe à des complots dans le but de forcer le commandant d'une place assiégée à se rendre ou à capituler ; — 4° Qui provoque à la fuite ou empêche le ralliement en présence de l'ennemi.

206. Est considéré comme espion, et puni de mort, avec dégradation militaire : — 1° Tout militaire qui s'introduit dans une place de guerre, dans un poste ou établissement militaire, dans les travaux, camps, bivouacs ou cantonnements d'une armée, pour s'y procurer des documents ou renseignements dans l'intérêt de l'ennemi ; — 2° Tout militaire qui procure à l'ennemi des documents ou renseignements susceptibles de nuire aux opérations de l'armée ou de compromettre la sûreté des places, postes ou autres établissements militaires ; — 3° Tout militaire qui, sciemment, recèle ou fait recéler les espions ou les ennemis envoyés à la découverte.

207. Est puni de mort, tout ennemi qui s'introduit déguisé dans un des lieux désignés en l'article précédent.

208. Est considéré comme embaucheur et puni de mort, tout individu convaincu d'avoir provoqué des militaires à passer à l'ennemi ou aux rebelles armés, de leur en avoir sciemment facilité les moyens, ou d'avoir fait des enrôlements pour une puissance en guerre avec la France.— Si le coupable est militaire, il est en outre puni de la dégradation militaire.

Chapitre II. — *Crimes ou délits contre le devoir militaire.*

209. Est puni de mort, avec dégradation militaire, tout gouverneur ou commandant qui, mis en jugement après avis d'un conseil d'enquête, est reconnu coupable d'avoir capitulé avec l'ennemi et rendu la place qui lui était confiée, sans avoir épuisé tous les moyens de défense dont il disposait, et sans avoir fait tout ce que prescrivaient le devoir et l'honneur.

210. Tout général, tout commandant d'une troupe armée, qui capitule en rase campagne, est puni, — 1° De la peine de mort, avec dégradation militaire, si la capitulation a eu pour résultat de faire poser les armes à sa troupe, ou si, avant de traiter verbalement ou par écrit, il n'a pas fait tout ce que lui prescrivaient le devoir et l'honneur ; — 2° De la destitution, dans tous les autres cas.

211. Tout militaire qui, étant en faction ou en vedette, abandonne son poste sans avoir rempli sa consigne, est puni, — 1° De la peine de mort, s'il était en présence de l'ennemi ou de rebelles armés ; — 2° De deux à cinq ans de travaux publics, si, hors le cas prévu par le paragraphe précédent, il était sur un territoire en état de guerre ou de siége ; —3° D'un emprisonnement de deux mois à un an dans tous les autres cas.

212. Tout militaire qui, étant en faction ou en vedette, est trouvé endormi, est puni, — 1° De deux ans à cinq ans de travaux publics, s'il était en présence de l'ennemi ou de rebelles armés ; — 2° De six mois à un an d'emprisonnement, si, hors le cas prévu par le paragraphe précédent, il était sur un territoire en état de guerre ou en état de siége ; — 3° De deux mois à six mois d'emprisonnement, dans tous les autres cas.

213. Tout militaire qui abandonne son poste, est puni, — 1° De la peine de mort, si l'abandon a eu lieu en présence de l'ennemi ou de rebelles armés ; — 2° De deux à cinq ans d'emprisonnement, si, hors le cas prévu par le paragraphe précédent, l'abandon a eu lieu sur un territoire en état de guerre ou en état de siége ; — 3° De deux mois à six mois d'emprisonnement, dans tous les autres cas. — Si le coupable est chef de poste, le maximum de la peine lui est toujours infligé.

214. En temps de guerre, aux armées, ainsi que dans les communes, les départements et les places de guerre en état de siége, tout militaire qui ne se rend pas à son poste en cas d'alerte ou lorsque la générale est battue, est puni de six mois à deux ans d'emprisonnement ; s'il est officier, la peine est celle de la destitution.

215. Tout militaire qui, hors le cas d'excuse légitime, ne se rend pas au conseil de guerre où il est appelé à siéger, est puni d'un emprisonnement de deux mois à six mois. — En cas de refus, si le coupable est officier, il peut être puni de la destitution.

216. Les dispositions des art. 237, 238, 239, 240, 241, 242, 243, 247 et 248 du Code pénal ordinaire, sont applicables aux militaires qui laissent évader des prisonniers de guerre ou d'autres individus arrêtés, détenus ou confiés à leur garde, ou qui favorisent ou procurent l'évasion de ces individus, ou les recèlent et les font recéler.

CHAPITRE III. — *Révolte, insubordination et rébellion.*

217. Sont considérés comme en état de révolte, et punis de mort : — 1° Les militaires sous les armes qui, réunis au nombre de quatre au moins et agissant de concert, refusent à la première sommation d'obéir aux ordres de leurs chefs ; — 2° Les militaires qui, au nombre de quatre au moins, prennent les armes sans autorisation et agissent contre les ordres de leurs chefs ; — 3° Les militaires qui, réunis au nombre de huit au moins, se livrent à des violences en faisant usage de leurs armes, et refusent, à la voix de leurs supérieurs, de se disperser ou de rentrer dans l'ordre. — Néanmoins, dans tous les cas prévus par le présent article, la peine de mort n'est infligée qu'aux instigateurs ou chefs de la révolte, et au militaire le plus élevé en grade. Les autres coupables sont punis de cinq à dix ans de travaux publics, ou, s'ils sont officiers, de la destitution, avec emprisonnement de deux à cinq ans. — Dans le cas prévu par le n° 3 du présent article, si les coupables se livrent à des violences, sans faire usage de leurs armes, ils sont punis de cinq à dix ans de travaux publics, ou, s'ils sont officiers, de la destitution avec emprisonnement de deux à cinq ans.

218. Est puni de mort, avec dégradation militaire, tout militaire qui refuse d'obéir lorsqu'il est commandé pour marcher contre l'ennemi, ou pour tout autre service ordonné par son chef en présence de l'ennemi ou de rebelles armés. — Si, hors le cas prévu par le paragraphe précédent, la désobéissance a eu lieu sur un territoire en état de guerre ou de siége, la peine est de cinq ans à dix ans de travaux publics, ou, si le coupable est officier, de la destitution, avec emprisonnement de deux à cinq ans. — Dans tous les autres cas, la peine est celle de l'emprisonnement d'un an à deux ans, ou, si le coupable est officier, celle de la destitution.

219. Tout militaire qui viole ou force une consigne est puni, — 1° De la peine de la détention, si la consigne a été violée ou forcée en présence de l'ennemi ou de rebelles armés ; — 2° De deux ans à dix ans de travaux publics, ou, si le coupable est officier, de la destitution, avec emprisonnement de un an à cinq ans, quand, hors le cas prévu par le paragraphe précédent, le fait a eu lieu sur un territoire en état de guerre ou de siége ; — 3° D'un emprisonnement de deux mois à trois ans, dans tous les autres cas.

220. Est puni de mort, tout militaire coupable de violence à main armée envers une sentinelle ou vedette. — Si les violences n'ont pas eu lieu à main armée et ont été commises par un militaire assisté d'une ou plusieurs personnes, la peine est de cinq ans à dix ans de travaux publics. Si, parmi les coupables, il se trouve un officier, il est puni de la destitution, avec emprisonnement de deux ans à cinq ans. — La peine est réduite à un emprisonnement d'un an à cinq ans, si les violences ont été commises par un militaire seul et sans armes. — Est puni de six jours à un an d'emprisonnement, tout militaire qui insulte une sentinelle par paroles, gestes ou menaces.

221. Est punie de mort, avec dégradation militaire, toute voie de fait commise avec préméditation ou guet-apens par un militaire envers son supérieur.

222. Est punie de mort, toute voie de fait commise sous les armes par un militaire envers son supérieur.

223. Les voies de fait exercées, pendant le service ou à l'occasion du service, par un militaire envers son supérieur, sont punies de mort. — Si les voies de fait n'ont pas eu lieu pendant le service ou à l'occasion du service, le coupable est puni de la destitution, avec emprisonnement de deux à cinq ans s'il est officier, et de cinq ans à dix ans de travaux publics, s'il est sous-officier, caporal, brigadier ou soldat.

224. Tout militaire qui, pendant le service ou à l'occasion du service, outrage son supérieur par paroles, gestes ou menaces, est puni de la destitution, avec emprisonnement d'un an à cinq, si ce militaire est officier, et de cinq ans à dix de travaux publics, s'il est sous-officier, caporal, brigadier ou soldat. — Si les outrages n'ont pas eu lieu pendant le service ou à l'occasion du service, la peine est de un an à cinq ans d'emprisonnement.

225. Tout militaire coupable de rébellion envers la force armée et les agents de l'autorité est puni de deux mois à six mois d'emprisonnement, et de six mois à deux ans de la même peine si la rébellion a eu lieu avec armes. — Si la rébellion a été commise par plus de deux militaires, sans armes, les coupables sont punis de deux ans à cinq ans d'emprisonnement, et de la réclusion si la rébellion a eu lieu avec armes. — Toute rébellion commise par des militaires armés au nombre de huit au moins est punie conformément au paragraphe 3 et 5 de l'art. 217 du présent Code. — Le maximum de la peine est toujours infligé aux instigateurs ou chefs de rébellion et au militaire le plus élevé en grade.

CHAPITRE IV. — *Abus d'autorité.*

226. Est puni de mort, tout chef militaire qui, sans provocation, ordre ou autorisation, dirige ou fait diriger une attaque à main armée contre des troupes ou des sujets quelconques d'une puissance alliée ou neutre. — Est puni de la destitution, tout chef militaire qui, sans provocation, ordre ou autorisation, commet un acte d'hostilité quelconque sur un territoire allié ou neutre.

227. Est puni de mort, tout chef militaire qui prolonge les hostilités après avoir reçu l'avis officiel de la paix, d'une trêve ou d'un armistice.

228. Est puni de mort, tout militaire qui prend un commandement sans ordre ou motif légitime, ou qui le retient contre l'ordre de ses chefs.

229. Est puni d'un emprisonnement de deux mois à cinq ans, tout militaire qui frappe son inférieur hors les cas de légitime défense de soi-même ou d'autrui, ou du ralliement des fuyards, ou de la nécessité d'arrêter le pillage ou la dévastation.

CHAPITRE V. — *Insoumission et désertion.*

SECTION Ire. — *Insoumission.*

230. Est considéré comme insoumis, et puni d'un emprisonnement de six jours à un an, tout jeune soldat appelé par la loi, tout engagé volontaire ou tout remplaçant qui, hors les cas de force majeure, n'est pas rendu à sa destination dans le mois qui suit le jour fixé par son ordre de route. — En temps de guerre, la peine est d'un mois à deux ans d'emprisonnement.

SECTION II. — *Désertion à l'intérieur.*

231. Est considéré comme déserteur à l'intérieur : — 1° Six jours après celui de l'absence constatée, tout sous-officier, caporal, brigadier ou soldat qui s'absente de son corps ou détachement sans autorisation : néanmoins, si le soldat n'a pas six mois de service, il ne peut être considéré comme déserteur qu'après un mois d'absence ; — 2° Tout sous-officier, caporal, brigadier ou soldat voyageant isolément d'un corps à un autre, ou dont le congé ou la permission est expiré, et qui, dans les quinze jours qui suivent celui qui a été fixé pour son retour ou son arrivée au corps, ne s'y est pas présenté.

232. Tout sous-officier, caporal, brigadier ou soldat, coupable de désertion à l'intérieur en temps de paix, est puni de deux ans à cinq ans d'emprisonnement, et de deux à cinq ans de travaux publics si la désertion a eu lieu en temps de guerre, ou d'un territoire en état de guerre ou de siège. — La peine ne peut être moindre de trois ans d'emprisonnement ou de travaux publics, suivant les cas, dans les circonstances suivantes : — 1° Si le coupable a emporté une de ses armes, un objet d'équipement ou d'habillement, ou s'il a emmené son cheval ; — 2° S'il a déserté étant de service, sauf les cas prévus par les art. 211 et 213 du présent Code ; — 3° S'il a déserté antérieurement.

233. Est puni de six mois à un an d'emprisonnement, tout officier absent de son corps ou de son poste sans autorisation, depuis plus de six jours, ou qui ne s'y présente pas quinze jours après l'expiration de son congé ou de sa permission, sans préjudice de l'application, s'il y a lieu, des dispositions de l'art. 1er de la loi du 19 mai 1834, sur l'état des officiers. — Tout officier qui abandonne son corps ou son poste sur un territoire en état de guerre ou de siège est déclaré déserteur après les délais déterminés par le paragraphe précédent, et puni de la destitution avec emprisonnement de deux à cinq ans.

234. En temps de guerre, les délais fixés par les art. 231 et 233 précédents sont réduits de moitié.

SECTION III. — *Désertion à l'étranger.*

235. Est déclaré déserteur à l'étranger, trois jours après celui de l'absence constatée, tout militaire qui franchit sans autorisation les limites du territoire français, ou qui, hors de France, abandonne le corps auquel il appartient.

236. Tout sous-officier, caporal, brigadier ou soldat, coupable de désertion à l'étranger, est puni de deux ans à cinq ans de travaux publics, si la désertion a eu lieu en temps de paix. — Il est puni de cinq ans à dix ans de la même peine, si la désertion a eu lieu en temps de guerre, ou d'un territoire en état de guerre ou de siège. — La peine ne peut être moindre de trois ans de travaux publics dans le cas prévu par le § 1er, et de sept dans le cas du § 2, dans les circonstances suivantes : — 1° Si le coupable a emporté une de ses armes, un objet d'habillement ou d'équipement, ou s'il a emmené son cheval ; — 2° S'il a déserté étant de service, sauf les cas prévus par les art. 211 et 213 ; — 3° S'il a déserté antérieurement.

237. Tout officier comptable de désertion à l'étranger est puni de la destitution, avec emprisonnement d'un an à cinq ans, si la désertion a eu lieu en temps de paix, et de la détention si la désertion a eu lieu en temps de guerre, ou d'un territoire en état de guerre ou de siège.

SECTION IV. — *Désertion à l'ennemi ou en présence de l'ennemi.*

238. Est puni de mort, avec dégradation militaire, tout militaire coupable de désertion à l'ennemi.

239. Est puni de la détention, tout déserteur en présence de l'ennemi.

SECTION V. — *Dispositions communes aux sections précédentes.*

240. Est réputée désertion avec complot, toute désertion effectuée de concert par plus de deux militaires.

241. Est puni de mort : — 1° Le coupable de désertion avec complot en présence de l'ennemi ; — 2° Le chef du complot de désertion à l'étranger. — Le chef du complot de désertion à l'intérieur est puni de cinq ans à dix ans de travaux publics, s'il est sous-officier, caporal, brigadier ou soldat, et de la détention s'il est officier. — Dans tous les autres cas, le coupable de désertion avec complot est puni du maximum de la peine portée par les dispositions des sections précédentes, suivant la nature et les circonstances du crime ou du délit.

242. Tout militaire qui provoque ou favorise la désertion est puni de la peine encourue par le déserteur selon les distinctions établies au présent chapitre. — Tout individu non militaire ou non assimilé aux militaires qui, sans être embaucheur pour l'ennemi ou pour les rebelles, provoque ou favorise la désertion, est puni par le tribunal compétent d'un emprisonnement de deux mois à cinq ans.

243. Si un militaire reconnu coupable de désertion est condamné par le même jugement pour un fait entraînant une peine plus grave, cette peine ne peut être réduite par l'admission de circonstances atténuantes.

CHAPITRE VI. — *Vente, détournement, mise en gage et recel des effets militaires.*

244. Est puni d'un an à cinq ans d'emprisonnement, tout militaire qui vend son cheval, ses effets d'armement, d'équipement ou d'habillement, des munitions, ou tout autre objet à lui confié pour le service. — Est puni de la même peine, tout militaire qui sciemment achète ou recèle lesdits effets. — La peine est de six mois à un an d'emprisonnement, s'il s'agit d'effets de petit équipement.

245. Est puni de six mois à deux ans d'emprisonnement, tout militaire, — 1° Qui dissipe ou détourne les armes, munitions, effets et autres objets à lui remis pour le service ; — 2° Qui, acquitté du fait de désertion, ne représente pas le cheval qu'il aurait emmené, ou les armes ou effets qu'il aurait emportés.

246. Est puni de six mois à un an d'emprisonnement, tout militaire qui met en gage tout ou partie de ses effets d'armement, de grand équipement, d'habillement, ou tout autre objet à lui confié pour le service.—La peine est de deux mois à six mois d'emprisonnement, s'il s'agit d'effets de petit équipement.

247. Tout individu qui achète, recèle ou reçoit en gage des armes, munitions, effets d'habillement, de grand ou petit équipement, ou tout autre objet militaire, dans des cas autres que ceux où les règlements autorisent leur mise en vente, est puni par le tribunal compétent de la même peine que l'auteur du délit.

CHAPITRE VII. — *Vol.*

248. Le vol des armes et de munitions appartenant à l'Etat, celui de l'argent de l'ordinaire, de la solde, des deniers ou effets quelconques appartenant à des militaires ou à l'Etat, commis par des militaires qui en sont comptables, est puni des travaux forcés à temps. — Si le coupable n'en est pas comptable, la peine est celle de la réclusion. — S'il existe des circonstances atténuantes, la peine est celle de la réclusion ou d'un emprisonnement de trois ans à cinq ans, dans le cas du premier paragraphe, et celle d'un emprisonnement d'un an à cinq ans, dans le cas du deuxième paragraphe. — En cas de condamnation à l'emprisonnement, l'officier coupable est, en outre, puni de la destitution. — Est puni de la peine de la réclusion et, en cas de circonstances atténuantes, d'un emprisonnement d'un à cinq ans, tout militaire qui commet un vol au préjudice de l'habitant chez lequel il est logé. — Les dispositions du Code pénal ordinaire sont applicables aux vols prévus par les paragraphes précédents, toutes les fois qu'en raison des circonstances, les peines qui y sont portées sont plus fortes que les peines prescrites par le présent Code.

249. Est puni de la réclusion, tout militaire qui dépouille un blessé. — Le coupable est puni de mort si, pour dépouiller le blessé, il lui a fait de nouvelles blessures.

CHAPITRE VIII.—*Pillage, destruction, dévastation d'édifices.*

250. Est puni de mort, avec dégradation militaire, tout pillage ou dégât de denrées, marchandises ou effets, commis par des militaires en bande, soit avec armes ou à force ouverte, soit avec bris de portes et clôtures extérieures, soit avec violence envers les personnes. — Le pillage en bande est puni de la réclusion dans tous les autres cas.—Néanmoins si, dans les cas prévus par le premier paragraphe, il existe parmi les coupables un ou plusieurs instigateurs, un ou plusieurs militaires pourvus de grades, la peine de mort n'est infligée qu'aux instigateurs et aux militaires les plus élevés en grade. Les autres coupables sont punis de la peine des travaux forcés à temps. — S'il existe des circonstances atténuantes, la peine de mort est réduite à celle des travaux forcés à temps, la peine des travaux forcés à temps à celle de la réclusion, et la peine de la réclusion à celle d'un emprisonnement d'un an à cinq ans. — En cas de condamnation à l'emprisonnement, l'officier coupable est, en outre, puni de la destitution.

251. Est puni de mort, avec dégradation militaire, tout militaire qui, volontairement, incendie, par un moyen quelconque, ou détruit par l'explosion d'une mine, des édifices, bâtiments, ouvrages militaires, magasins, chantiers, vaisseaux, navires ou bateaux à l'usage de l'armée.—S'il existe des circonstances atténuantes, la peine est celle des travaux forcés à temps.

252. Est puni des travaux forcés à temps tout militaire qui, volontairement, détruit ou dévaste, par d'autres moyens que l'incendie ou l'explosion d'une mine, des édifices, bâtiments, ouvrages militaires, magasins, chantiers, vaisseaux, navires ou bateaux à l'usage de l'armée.—S'il existe des circonstances at-

ténuantes, la peine est celle de la réclusion, ou même de deux à cinq ans d'emprisonnement et, en outre, de la destitution, si le coupable est officier.

253. Est puni de mort, avec dégradation militaire, tout militaire qui, dans un but coupable, détruit, ou fait détruire, en présence de l'ennemi, des moyens de défense, tout ou partie d'un matériel de guerre, des approvisionnements en armes, vivres, munitions, effets de campement, d'équipement ou d'habillement. — La peine est celle de la détention si le crime n'a pas eu lieu en présence de l'ennemi.

254. Est puni de deux ans à cinq ans de travaux publics, tout militaire qui, volontairement, détruit ou brise des armes, des effets de campement, de casernement, d'équipement ou d'habillement appartenant à l'Etat, soit que ces objets lui eussent été confiés pour le service, soit qu'ils fussent à l'usage d'autres militaires, ou qui estropie ou tue un cheval, ou une bête de trait ou de somme employée au service de l'armée.—Si le coupable est officier, la peine est celle de la destitution ou d'un emprisonnement de deux à cinq ans. — S'il existe des circonstances atténuantes, la peine est réduite à un emprisonnement de deux mois à cinq ans.

255. Est puni de la réclusion tout militaire qui, volontairement, détruit, brûle ou lacère des registres, minutes ou actes originaux de l'autorité militaire.— S'il existe des circonstances atténuantes, la peine est celle d'un emprisonnement de deux ans à cinq ans, et, en outre, de la destitution, si le coupable est officier.

256. Tout militaire coupable de meurtre sur l'habitant chez lequel il reçoit le logement, sur sa femme ou sur ses enfants, est puni de mort.

CHAPITRE IX. — *Faux en matière d'administration militaire.*

257. Est puni des travaux forcés à temps, tout militaire, tout administrateur ou comptable militaire qui porte sciemment sur les rôles, les états de situation ou de revue, un nombre d'hommes, de chevaux ou de journées de présence au delà de l'effectif réel, qui exagère le montant des consommations, ou commet tout autre faux dans ses comptes. — S'il existe des circonstances atténuantes, la peine est la réclusion ou un emprisonnement de deux à cinq ans.—En cas de condamnation, l'officier coupable est, en outre, puni de la destitution.

258. Est puni d'un an à cinq ans d'emprisonnement, tout militaire, tout administrateur ou comptable militaire qui fait sciemment usage, dans son service, de faux poids ou de fausses mesures.

259. Est puni de la réclusion, tout militaire, tout administrateur ou comptable militaire qui contrefait ou tente de contrefaire les sceaux, timbres ou marques militaires destinés à être apposés, soit sur les actes ou pièces authentiques relatifs au service militaire, soit sur des effets ou objets quelconques appartenant à l'armée, ou qui en fait sciemment usage.

260. Est puni de la dégradation militaire, tout militaire, tout administrateur ou comptable militaire qui, s'étant procuré les vrais sceaux, timbres ou marques ayant l'une des destinations indiquées à l'article précédent, en fait ou tente d'en faire une application frauduleuse ou un usage préjudiciable aux droits ou aux intérêts de l'Etat ou des militaires.

CHAPITRE X.— *Corruption, prévarication et infidélité dans le service et dans l'administration militaire.*

261. Est puni de la dégradation militaire, tout militaire, tout administrateur ou comptable militaire coupable de l'un des crimes de corruption ou de contrainte prévus par les art. 177 et 179 du Code pénal ordinaire.—Dans le cas où la corruption ou la contrainte aurait pour objet un fait criminel emportant une peine plus forte que la dégradation militaire, cette peine plus forte est appliquée au coupable. — —S'il existe des circonstances atténuantes, le coupable est puni de trois mois à deux ans d'emprisonnement. — Toutefois, si la tentative de contrainte ou de corruption n'a eu aucun effet, la peine est de trois à six mois d'emprisonnement.

262. Est puni d'un an à quatre ans d'emprisonnement, tout médecin militaire qui, dans l'exercice de ses fonctions, et pour favoriser quelqu'un, certifie faussement ou dissimule l'existence de maladies ou infirmités. Il peut, en outre, être puni de la destitution.—S'il a été mû par des dons ou promesses, il est puni de la dégradation militaire. Les corrupteurs sont, en ce cas, punis de la même peine.

263. Est puni des travaux forcés à temps, tout militaire, tout administrateur ou comptable militaire qui s'est rendu coupable des crimes ou délits prévus par les art. 169, 170, 174 et 175 du Code pénal ordinaire, relatifs à des soustractions commises par des dépositaires publics. — S'il existe des circonstances atténuantes, la peine est celle de la réclusion ou de deux ans à cinq ans d'emprisonnement, et, dans ce dernier cas, de la destitution, si le coupable est officier.

264. Tout militaire, tout administrateur ou comptable militaire, qui, hors les cas prévus par l'article précédent, trafique, à son profit, des fonds ou des deniers appartenant à l'État ou à des militaires, est puni d'un emprisonnement de un à cinq ans.

265. Est puni de la réclusion, tout militaire, tout administrateur ou comptable militaire qui falsifie ou fait falsifier des substances, matières, denrées ou liquides confiés à sa garde ou placés sous sa surveillance, ou qui, sciemment, distribue ou fait distribuer lesdites substances, matières, denrées ou liquides falsifiés.—La peine de la réclusion est également prononcée contre tout militaire, tout administrateur ou comptable militaire qui, dans un but coupable, distribue ou fait distribuer des viandes provenant d'animaux atteints de maladies contagieuses, ou des matières, substances, denrées ou liquides corrompus ou gâtés. —S'il existe des circonstances atténuantes, la peine de la réclusion est réduite à celle de l'emprisonnement d'un an à cinq ans, avec destitution, si le coupable est officier.

CHAPITRE XI. — *Usurpation d'uniformes, costumes, insignes, décorations et médailles.*]

266. Est puni d'un emprisonnement de deux mois à deux ans, tout militaire qui porte publiquement des décorations, médailles, insignes, uniformes ou costumes français sans en avoir le droit.—La même peine est prononcée contre tout militaire qui porte des décorations, médailles ou insignes étrangers sans y avoir été préalablement autorisé.

TITRE III. — DISPOSITIONS GÉNÉRALES.

267. Les tribunaux militaires appliquent les peines portées par les lois pénales ordinaires à tous les crimes ou délits non prévus par le présent Code, et, dans ce cas, s'il existe des circonstances atténuantes, il est fait application aux militaires de l'art. 463, C. pén.

268. Dans les cas prévus par les art. 251, 252, 253, 254 et 255 du présent Code, les complices, même non militaires, sont punis de la même peine que les auteurs du crime ou du délit, sauf l'application, s'il y a lieu, de l'art. 197 du présent Code.

269. Aux armées, dans les divisions territoriales en état de guerre, dans les communes, les départements et les places de guerre en état de siége, tout justiciable des tribunaux militaires, coupable ou complice d'un des crimes prévus par le chapitre premier du titre II du présent livre, est puni de la peine qui y est portée.

270. Les peines prononcées par les art. 41, 43 et 44 de la loi du 21 mars 1832, sur le recrutement de l'armée, sont applicables aux tentatives des délits prévus par ces articles, quelle que soit la juridiction appelée à en connaître.—Dans le cas prévu par l'art. 45 de la même loi, ceux qui ont fait les dons et promesses sont punis des peines portées par ledit article contre les médecins, chirurgiens ou officiers de santé.

271. Sont laissées à la répression de l'autorité militaire, et punies d'un emprisonnement dont la durée ne peut excéder deux mois : — 1° Les contraventions de police commises par les militaires ; — 2° Les infractions aux règlements relatifs à la discipline.—Toutefois, l'autorité militaire peut toujours, suivant la gravité des faits, déférer le jugement des contraventions de police au conseil de guerre, qui applique la peine déterminée par le présent article.

272. Si, dans le cas prévu par l'article précédent, il y a une partie plaignante, l'action en dommages-intérêts est portée devant la juridiction civile.

273. Ne sont pas soumises à la juridiction des conseils de guerre les infractions commises par des militaires aux lois sur la chasse, la pêche, les douanes, les contributions indirectes, les octrois, les forêts et la grande voirie.

274. Le régime et la police des compagnies de discipline, des établissements pénitentiaires,]des ateliers de travaux publics, des lieux de détention militaire, sont réglés par des décrets impériaux.

275. Sont abrogées, en ce qui concerne l'armée de terre, toutes les dispositions législatives et réglementaires relatives à l'organisation, à la compétence et à la procédure des tribunaux militaires, ainsi qu'à la pénalité en matière de crimes et de délits militaires.

Dispositions transitoires.

276. Lorsque les peines déterminées par le présent Code sont moins rigoureuses que celles portées par les lois antérieures, elles sont appliquées aux crimes et délits encore non jugés au moment de sa promulgation.

277. Jusqu'à la promulgation d'un nouveau Code de justice maritime, les conseils de guerre maritimes permanents appliqueront les peines prononcées par le livre IV du présent Code, dans les cas qui y sont prévus.

60

19 juin 1857 (11ᵉ série, n° 4683). — *Loi concernant les avances sur dépôts d'obligations foncières faites par la société du Crédit foncier de France.*

ART. 1ᵉʳ. Les art. 2074, 2075 et 2078 du Code Napoléon ne sont point applicables aux avances sur dépôts d'obligations foncières que la Société du crédit foncier de France est autorisée à faire par l'art. 2 de ses statuts.

2. Le privilége de la Société du crédit foncier sur l'obligation donnée en nantissement résulte de l'engagement souscrit par l'emprunteur dans la forme prescrite par les art. 3 et 5 de l'ordonnance royale du 15 juin 1834 (1), relative aux avances faites sur effets publics par la Banque de France.

3. A défaut de remboursement, dès le lendemain de l'échéance, la Société du crédit foncier peut, sans qu'il soit besoin de mise en demeure, faire procéder, par le ministère d'un agent de change, à la vente du titre, conformément aux dispositions du même art. 5 de l'ordonnance précitée.

61

19 juin 1857 (11ᵉ série, n° 4684). — *Loi relative*

---

(1) V. 3ᵉ partie, p. 99.

à l'assainissement et à la mise en culture des landes de Gascogne.

62

23 juin 1857 (11ᵉ série, nº 4718). — *Loi portant fixation du budget général des dépenses et des recettes de l'exercice 1858.*

. . . .

Art. **6.** Indépendamment des droits établis par le titre 2 de la loi du 5 juin 1850 (1), toute cession de titres ou promesses d'actions et d'obligations dans une société, compagnie ou entreprise quelconque, financière, industrielle, commerciale ou civile, quelle que soit la date de sa création, est assujettie, à partir du 1ᵉʳ juill. 1857, à un droit de transmission de vingt centimes par cent francs de la valeur négociée. — Ce droit, pour les titres au porteur, et pour ceux dont la transmission peut s'opérer sans un transfert sur les registres de la société, est converti en une taxe annuelle et obligatoire de douze centimes par cent francs du capital desdites actions et obligations, évalué par leur cours moyen pendant l'année précédente, et, à défaut de cours dans cette année, conformément aux règles établies par les lois sur l'enregistrement.

7. Le droit pour les titres nominatifs, dont la transmission ne peut s'opérer que par un transfert sur les registres de la société, est perçu, au moment du transfert, pour le compte du Trésor, par les sociétés, compagnies et entreprises, qui en sont constituées débitrices par le fait du transfert. — Le droit sur les titres mentionnés au § 2 de l'article précédent est payable par trimestre, et avancé par les sociétés, compagnies ou entreprises, sauf recours contre les porteurs desdits titres.— A la fin de chaque trimestre, lesdites sociétés sont tenues de remettre au receveur de l'enregistrement du siége social le relevé des transferts et des conversions, ainsi que l'état des actions et obligations soumises à la taxe annuelle.

8. Dans les sociétés qui admettent le titre au porteur, tout propriétaire d'actions et d'obligations a toujours la faculté de convertir ses titres au porteur en titres nominatifs, et réciproquement.—Dans l'un et l'autre cas, la conversion donne lieu à la perception du droit de transmission. — Néanmoins, pendant un délai de trois mois, à partir de la mise à exécution de la présente loi, la conversion des actions et obligations au porteur, en actions et obligations nominatives, sera affranchie de tout droit.

9. Les actions et obligations émises par les sociétés, compagnies ou entreprises étrangères, sont soumises, en France, à des droits équivalents à ceux qui sont établis par la présente loi et par celle du 5 juin 1850 (2), sur les valeurs françaises ; elles ne pourront être cotées et négociées en France qu'en se soumettant à l'acquittement de ces droits. — Un règlement d'administration publique fixera le mode d'établissement et de perception de ces droits, dont l'assiette pourra reposer sur une quotité déterminée du capital social. — Le même règlement déterminera toutes les mesures nécessaires pour l'exécution de la présente loi.

10. Toute contravention aux précédentes dispositions, et à celles des règlements qui seront faits pour leur exécution, est punie d'une amende de cent francs à cinq mille francs, sans préjudice des peines portées par l'art. 39 de la loi du 22 frim. an 7 (3) pour omission ou insuffisance de déclaration.

11. L'art. 15 de la loi du 5 juin 1850 est abrogé.

(1) V. 2ᵉ partie, p. 386.
(2) V. 2ᵉ partie, p. 385.
(3) V. 2ᵉ partie, p. 361.

12. Est abrogé l'art. 1ᵉʳ de la loi du 6 prair. an 7, qui assujettit au timbre spécial les avis imprimés qui se crient et se distribuent dans les rues et lieux publics, ou que l'on fait circuler de toute autre manière.

13. L'art. 5 de la loi du 14 juill. 1855 (1) continuera à recevoir son exécution pour l'exercice 1858, sauf en ce qui concerne le second décime établi sur les droits d'enregistrement.

63

23 juin 1857 (11ᵉ série, nº 4720). — *Loi sur les marques de fabrique et de commerce.*

TITRE Iᵉʳ. — DU DROIT DE PROPRIÉTÉ DES MARQUES.

Art. **1ᵉʳ.** La marque de fabrique ou de commerce est facultative. — Toutefois, des décrets, rendus en la forme des règlements d'administration publique, peuvent exceptionnellement la déclarer obligatoire pour les produits qu'ils déterminent. — Sont considérés comme marques de fabrique et de commerce les noms sous une forme distinctive, les dénominations, emblèmes, empreintes, timbres, cachets, vignettes, reliefs, lettres, chiffres, enveloppes et tous autres signes servant à distinguer les produits d'une fabrique ou les objets d'un commerce.

2. Nul ne peut revendiquer la propriété exclusive d'une marque, s'il n'a déposé deux exemplaires du modèle de cette marque au greffe du tribunal de commerce de son domicile.

3. Le dépôt n'a d'effet que pour quinze années. — La propriété de la marque peut toujours être conservée pour un nouveau terme de quinze années au moyen d'un nouveau dépôt.

4. Il est perçu un droit fixe d'un franc pour la rédaction du procès-verbal de dépôt de chaque marque et pour le coût de l'expédition, non compris les frais de timbre et d'enregistrement.

TITRE II. — DISPOSITIONS RELATIVES AUX ÉTRANGERS.

5. Les étrangers qui possèdent en France des établissements d'industrie ou de commerce jouissent, pour les produits de leurs établissements, du bénéfice de la présente loi, en remplissant les formalités qu'elle prescrit.

6. Les étrangers et les Français dont les établissements sont situés hors de France jouissent également du bénéfice de la présente loi, pour les produits de ces établissements, si, dans les pays où ils sont situés, des conventions diplomatiques ont établi la réciprocité pour les marques françaises. — Dans ce cas, le dépôt des marques étrangères a lieu au greffe du tribunal de commerce du département de la Seine.

TITRE III. — PÉNALITÉS.

7. Sont punis d'une amende de cinquante francs à trois mille francs et d'un emprisonnement de trois mois à trois ans, ou de l'une de ces peines seulement :—1º Ceux qui ont contrefait une marque ou fait usage d'une marque contrefaite ; — 2º Ceux qui ont frauduleusement apposé sur leurs produits ou les objets de leur commerce une marque appartenant à autrui ; — 3º Ceux qui ont sciemment vendu ou mis en vente un ou plusieurs produits revêtus d'une marque contrefaite ou frauduleusement apposée.

8. Sont punis d'une amende de cinquante francs à deux mille francs et d'un emprisonnement d'un mois à un an, ou de l'une de ces peines seulement : — 1º Ceux qui, sans contrefaire une marque, en ont fait une imitation frauduleuse de nature à tromper l'acheteur, ou ont fait usage d'une marque frauduleuse-

(1) V. 2ᵉ partie, p. 390.

ment imitée; — 2° Ceux qui ont fait usage d'une marque portant des indications propres à tromper l'acheteur sur la nature du produit; — 3° Ceux qui ont sciemment vendu ou mis en vente un ou plusieurs produits revêtus d'une marque frauduleusement imitée ou portant des indications propres à tromper l'acheteur sur la nature du produit.

9. Sont punis d'une amende de cinquante francs à mille francs et d'un emprisonnement de quinze jours à six mois, ou de l'une de ces peines seulement : — 1° Ceux qui n'ont pas apposé sur leurs produits une marque déclarée obligatoire; — 2° Ceux qui ont vendu ou mis en vente un ou plusieurs produits ne portant pas la marque déclarée obligatoire pour cette espèce de produits; — 3° Ceux qui ont contrevenu aux dispositions des décrets rendus en exécution de l'article 1er de la présente loi.

10. Les peines établies par la présente loi ne peuvent être cumulées. — La peine la plus forte est seule prononcée pour tous les faits antérieurs au premier acte de poursuite.

11. Les peines portées aux articles 7, 8 et 9 peuvent être élevées au double en cas de récidive. — Il y a récidive lorsqu'il a été prononcé contre le prévenu, dans les cinq années antérieures, une condamnation pour un des délits prévus par la présente loi.

12. L'article 463 du Code pénal peut être appliqué aux délits prévus par la présente loi.

13. Les délinquants peuvent, en outre, être privés du droit de participer aux élections des tribunaux et des chambre de commerce, des chambres consultatives des arts et manufactures, et des conseils de prud'hommes, pendant un temps qui n'excédera pas dix ans. — Le tribunal peut ordonner l'affiche du jugement dans les lieux qu'il détermine, et son insertion intégrale ou par extrait dans les journaux qu'il désigne, le tout aux frais du condamné.

14. La confiscation des produits dont la marque serait reconnue contraire aux dispositions des articles 7 et 8 peut, même en cas d'acquittement, être prononcée par le tribunal, ainsi que celle des instruments et ustensiles ayant spécialement servi à commettre le délit. — Le tribunal peut ordonner que les produits confisqués soient remis au propriétaire de la marque contrefaite ou frauduleusement apposée ou imitée, indépendamment de plus amples dommages-intérêts, s'il y a lieu. — Il prescrit, dans tous les cas, la destruction des marques reconnues contraires aux dispositions des articles 7 et 8.

15. Dans le cas prévu par les deux premiers paragraphes de l'article 9, le tribunal prescrit toujours que les marques déclarées obligatoires soient apposées sur les produits qui y sont assujettis. — Le tribunal peut prononcer la confiscation des produits, si le prévenu a encouru, dans les cinq années antérieures, une condamnation pour un des délits prévus par les deux premiers paragraphes de l'art. 9.

TITRE IV. —JURIDICTIONS.

16. Les actions civiles relatives aux marques sont portées devant les tribunaux civils et jugées comme matières sommaires. — En cas d'action intentée par la voie correctionnelle, si le prévenu soulève pour sa défense des questions relatives à la propriété de la marque, le tribunal de police correctionnelle statue sur l'exception.

17. Le propriétaire d'une marque peut faire procéder par tous huissiers à la description détaillée, avec ou sans saisie, des produits qu'il prétend marqués à son préjudice en contravention aux dispositions de la présente loi, en vertu d'une ordonnance du président du tribunal civil de première instance, ou du juge de paix du canton, à défaut du tribunal du lieu où se trouvent les produits à décrire ou à saisir. — L'ordonnance est rendue sur simple requête et sur la présentation du procès-verbal constatant le dépôt de la marque. Elle contient, s'il y a lieu, la nomination d'un expert, pour aider l'huissier dans sa description. — Lorsque la saisie est requise, le juge peut exiger du requérant un cautionnement, qu'il est tenu de consigner avant de faire procéder à la saisie. — Il est laissé copie, aux détenteurs des objets décrits ou saisis, de l'ordonnance et de l'acte constatant le dépôt du cautionnement, le cas échéant; le tout à peine de nullité et de dommages-intérêts contre l'huissier.

18. A défaut par le requérant de s'être pourvu, soit par la voie civile, soit par la voie correctionnelle, dans le délai de quinzaine, outre un jour par cinq myriamètres de distance entre le lieu où se trouvent les objets décrits ou saisis et le domicile de la partie contre laquelle l'action doit être dirigée, la description ou saisie est nulle de plein droit, sans préjudice des dommages-intérêts qui peuvent être réclamés, s'il y a lieu.

TITRE V. — DISPOSITIONS GÉNÉRALES OU TRANSITOIRES.

19. Tous produits étrangers portant soit la marque, soit le nom d'un fabricant résidant en France, soit l'indication du nom ou du lieu d'une fabrique française, sont prohibés à l'entrée et exclus du transit et de l'entrepôt, et peuvent être saisis, en quelque lieu que ce soit, soit à la diligence de l'administration des douanes, soit à la requête du ministère public ou de la partie lésée.—Dans le cas où la saisie est faite à la diligence de l'administration des douanes, le procès-verbal de saisie est immédiatement adressé au ministère public.—Le délai dans lequel l'action prévue par l'art. 18 devra être intentée, sous peine de nullité de la saisie, soit par la partie lésée, soit par le ministère public, est porté à deux mois.—Les dispositions de l'art. 14 sont applicables aux produits saisis en vertu du présent article.

20. Toutes les dispositions de la présente loi sont applicables aux vins, eaux-de-vie et autres boissons, aux bestiaux, grains, farines, et généralement à tous les produits de l'agriculture.

21. Tout dépôt de marques opéré au greffe du tribunal de commerce antérieurement à la présente loi aura effet pour quinze années, à dater de l'époque où ladite loi sera exécutoire.

22. La présente loi ne sera exécutoire que six mois après sa promulgation. Un règlement d'administration publique déterminera les formalités à remplir pour le dépôt et la publicité des marques, et toutes les autres mesures nécessaires pour l'exécution de la loi.

23. Il n'est pas dérogé aux dispositions antérieures qui n'ont rien de contraire à la présente loi.

64

2 juillet 1857 (11e série, n° 4757). — *Déc. impérial portant que les juges suppléants chargés temporairement de l'instruction dans les tribunaux de 1re instance recevront le supplément de traitement d'instruction défini par l'ordonnance du 16 oct. 1822.*

Vu l'art. 7 de l'ordonnance du 16 octobre 1822 (1), qui alloue aux juges d'instruction des tribunaux de

(1) L'ordonnance du 16 octobre 1822 (8e série, n° 13499), relative au traitement des magistrats, porte dans son art. 7 que : les juges d'instruction de tous les tribunaux de première instance recevront chacun un supplément de traitement égal au cinquième du traitement attribué aux juges du tribunal dont ils font partie.

première instance un supplément de traitement égal au cinquième du traitement attribué aux juges ; —Vu l'art. 56 de la loi du 17 juillet 1856 (1), portant que, dans les tribunaux où le service l'exigera , un juge suppléant pourra, par décret impérial, être temporairement chargé de l'instruction, concurrémment avec le juge d'instruction titulaire.

Article unique. Les juges suppléants chargés temporairement de l'instruction , en exécution de l'art. 56 de la loi précitée, recevront, pendant la durée de leur exercice , le supplément de traitement d'instruction défini par l'art. 7 de l'ordonnance sus-visée.

<h2 style="text-align:center">65</h2>

14 juillet 1857 (11e série, n° 4809). — *Déc. impérial relatif à l'indication de la portée des balances-bascules.*

Article unique. A partir du 1er octobre 1857, l'indication de la portée des balances-bascules qui seront présentées à la vérification première sera ou gravée en creux, ou produite en relief dans l'opération de la fonte, sur le plat poli d'une des faces latérales du fléau extérieur.

<h2 style="text-align:center">66</h2>

17 juillet 1857 (11e série, n° 4802). — *Déc. impérial portant règlement pour l'exécution de la loi du 9 juin 1857* (2), *sur la Banque de France.*

Art. 1, 2, 3, 4 (3).

5. Pour les actions qui appartiennent à des personnes qui n'ont pas la libre disposition de leurs biens, le versement de onze cents francs par action sera un simple acte d'administration dispensé d'autorisations spéciales et de toute formalité de justice.—Il en sera de même de la vente du nombre d'actions nécessaire pour libérer les actions à conserver par ces actionnaires.

6. Pour les actions dotales ou autres appartenant à des actionnaires qui n'en ont pas la libre disposition, les versements que feront. de leurs deniers personnels, les maris, administrateurs, tuteurs ou curateurs, seront considérés comme des impenses nécessaires, et, à ce titre, ils donneront à celui qui les aura faits le privilége établi en l'art. 2102, n° 3, du Code Napoléon, à la charge par lui de faire mentionner sur les registres de la Banque, au moment du versement, la provenance des deniers avec lesquels ce versement a été opéré.—S'il s'agit d'actions immobilisées, ceux qui auront fait les paiements pourront acquérir le privilége établi en l'art. 2103, n° 2, du Code Napoléon, en faisant, en outre, insérer la déclaration de la provenance des deniers au bureau des hypothèques.

7. Le propriétaire d'actions immobilisées aura la faculté de vendre le nombre d'actions nécessaire pour libérer celles qu'il doit conserver, et qui seront seules réputées immeubles.

8. Dans le cas prévu par le deuxième paragraphe de l'art. 5 et par l'art. 7, l'agent de change certificateur du transfert devra en employer le prix à la libération des actions conservées, et l'excédant, s'il en existe, sera par lui employé suivant les conditions qui régissent la capacité du titulaire ou en rentes sur l'Etat.

9. Les dispositions de l'ordonnance réglementaire du 15 juin 1854 (4) seront applicables aux avances faites sur les obligations du crédit foncier.

(1) V. Suppl., n° 34.
(2) V. Suppl. n. 58.
(3) Les quatre premiers articles, relatifs aux formalités à remplir pour la souscription des actions, sont aujourd'hui sans intérêt.
(4) V. 3e partie, page 99.

<h2 style="text-align:center">67</h2>

17 juillet 1857 (11e série, n° 4805). — *Déc. impérial portant règlement pour l'exécution de la loi du 23 juin 1857* (5), *qui établit un droit de transmission sur les actions et obligations des sociétés , compagnies et entreprises françaises ou étrangères.*

Art. 1er. Les compagnies, sociétés et entreprises dont les actions et obligations sont assujetties au droit de transmission établi par l'art. 6 de la loi du 23 juin 1857 (5), seront tenues de faire, au bureau de l'enregistrement du lieu où elles auront le siége de leur principal établissement, une déclaration constatant : — 1° L'objet, le siége et la durée de la société ou de l'entreprise ; — 2° La date de l'acte constitutif et celle de l'enregistrement de cet acte ; — 3° Les noms des directeurs ou gérants ; — 4° Le nombre et le montant des titres émis, en distinguant les actions des obligations, et les titres nominatifs des titres au porteur. — Cette déclaration devra être faite avant le 15 août prochain pour les compagnies et entreprises existantes au jour de la promulgation de la loi du 23 juin 1857 (5), et dans le mois de leur constitution définitive pour les sociétés, compagnies et entreprises qui se formeront postérieurement. — En cas de modifications dans la constitution sociale, de changements de siége, de remplacement du directeur ou gérant, d'émission de titres nouveaux, lesdites sociétés, compagnies et entreprises devront en faire la déclaration, dans le délai d'un mois, au bureau qui aura reçu la déclaration primitive.

2. Le droit de vingt centimes par cent francs, établi par les art. 6 et 8 de la loi du 23 juin 1857 (5) sur les transferts des actions et obligations nominatives, ainsi que sur les conversions de titres, sera acquitté, conformément à l'art. 7 de la même loi, par les sociétés, compagnies et entreprises, au bureau de l'enregistrement du siége social, après l'expiration de chaque trimestre, et dans les vingt premiers jours du trimestre suivant. — Le relevé des transferts et des conversions sera remis au receveur de l'enregistrement lors de chaque versement. — Ce relevé énoncera : — 1° La date de chaque opération ; — 2° Les noms, prénoms et domicile du cédant et du cessionnaire ou du détenteur des titres convertis ; — 3° La désignation et le nombre des actions et obligations transférées ou converties ; — 4° Le prix de chaque transfert ou la valeur des actions et obligations converties ; — 5° Le total, en toutes lettres, de la somme soumise au droit de vingt centimes par cent francs.

3. La valeur des actions et obligations converties sera établie, pour celles cotées à la Bourse, d'après le dernier cours moyen constaté avant le jour de la conversion, et, pour les autres, conformément à l'art. 16 de la loi du 22 frim. an 7 (6). — A l'égard des actions et obligations dont la conversion aura été opérée sans paiement de droits, en exécution du dernier paragraphe de l'art. 8 de la loi du 23 juin 1857 (7), les sociétés, compagnies et entreprises remettront au receveur de l'enregistrement un état indicatif du nombre de ces titres dans les vingt jours qui suivront l'expiration du délai accordé pour la conversion gratuite.

4. Les transferts faits à titre de garantie, et n'emportant pas transmission de propriété, feront l'objet d'un état spécial joint au relevé trimestriel qui doit être remis au receveur de l'enregistrement, conformément à l'art. 2 du présent règlement. —Il ne sera

(5) V. Suppl., n. 62.
(6) V. 2e partie. p. 359.
(7) V. Suppl. n. 62.

pas tenu compte de ces transferts dans la liquidation des droits.

5. Pour l'acquittement de la taxe établie sur les titres au porteur et ceux dont la transmission peut s'opérer sans un transfert sur les registres, les sociétés formeront un état distinct des actions et des obligations de cette nature existantes au dernier jour de chacun des trimestres de janvier, avril, juillet et octobre, et elles le déposeront entre les mains du receveur de l'enregistrement du lieu de l'établissement. — Cet état mentionnera le cours moyen, pendant l'année précédente, des actions et obligations cotées à la Bourse. A l'égard de celles non cotées dans le cours de cette année, il contiendra une déclaration estimative faite conformément à l'art. 16 de la loi du 22 frim. an 7 (2).—La taxe sera payée dans les vingt jours qui suivront l'expiration de chaque trimestre, et perçue, pour le trimestre entier, d'après la situation établie conformément au premier paragraphe du présent article. — En ce qui concerne les compagnies qui seront créées, à l'avenir, après l'ouverture d'un trimestre, le droit ne sera liquidé, pour la première fois, que proportionnellement au nombre de jours écoulés depuis leur constitution.

6. Les états, relevés et déclarations qui seront fournis au receveur de l'enregistrement, conformément aux articles précédents, seront certifiés véritables par les directeurs ou gérants des sociétés, compagnies ou entreprises. — Dans ces états, relevés et déclarations, comme pour la perception des droits, il ne sera fait aucune déduction des sommes restant à verser sur les actions et obligations non libérées.

7. Le cours moyen qui, suivant l'art. 6 de la loi du 23 juin 1857 (1) doit servir de base à la perception de la taxe sur les titres au porteur, sera établi en divisant la somme des cours moyens de chacun des jours de l'année par le nombre de ces cours. — A l'égard des valeurs cotées dans les Bourses des départements et à la Bourse de Paris, il sera tenu compte exclusivement des cotes de cette dernière bourse pour la formation du cours moyen.

8. Les titres au porteur des sociétés nouvellement formées ne supporteront la taxe, dans le courant de la première année de leur constitution, que d'après une déclaration estimative, faite par ces sociétés, de la valeur de leurs titres, conformément à l'art. 16 de la loi du 22 frim. an 7 (2).

9. Les dépositaires des registres à souche et des registres de transferts et conversions de titres de sociétés, compagnies et entreprises, seront tenus de les communiquer sans déplacement, ainsi que toutes les pièces et documents relatifs auxdits transferts et conversions, aux préposés de l'enregistrement, à toute réquisition, et de leur laisser prendre, sans frais, les renseignements, extraits et copies qui seront nécessaires dans l'intérêt du Trésor public, à peine de l'amende prononcée par l'art. 10 de la loi du 23 juin 1857 (1) pour chaque refus. — Le refus de la société ou de ses agents sera établi, jusqu'à inscription de faux, par le procès-verbal du préposé, affirmé dans les vingt-quatre heures.

10. Pour l'exécution de l'art. 9 de la loi; les sociétés, compagnies ou entreprises étrangères qui ont été autorisées à faire coter leurs actions et obligations, soit à la Bourse de Paris, soit aux Bourses départementales, seront tenues, dans les deux mois de la promulgation de la loi, de désigner un représentant responsable en France, et de le faire agréer par le ministre des finances, sous peine de se voir retirer l'autorisation dont elles jouissent — Toute compagnie qui, à l'avenir, sera autorisée à faire coter ses titres en France, devra également faire agréer par le ministre des finances un représentant responsable. — Les sociétés, compagnies et entreprises mentionnées aux deux paragraphes précédents remettront au ministre des finances une déclaration indiquant le nombre de leurs actions et obligations, qui devra servir de base à l'impôt. Ce nombre sera fixé par le ministre des finances. — Ces sociétés, compagnies et entreprises paieront, pour leurs actions et obligations soumises à l'impôt, une taxe annuelle et obligatoire de douze centimes par cent francs, conformément au paragraphe 2 de l'art. 6 de la loi du 23 juin 1857 (3), sans faire aucune distinction entre les titres nominatifs et les titres au porteur.—Les dispositions des art. 5 et 7 du présent règlement, relatives aux époques de paiement et à la fixation du cours moyen, seront applicables aux valeurs étrangères.

11. Le droit de timbre auquel sont assujetties les actions et obligations émises par les sociétés françaises sera acquitté par les sociétés, compagnies et entreprises étrangères dont les titres sont ou seront cotés en France. Ce droit sera établi sur la quotité du capital déclaré, conformément à l'art. 10 du présent règlement, et payé suivant le mode prescrit par les art. 22 et 31 de la loi du 5 juin 1850 (4) —Un avis officiel inséré au *Moniteur* équivaudra à l'apposition du timbre.

12. En cas d'infraction aux dispositions du présent règlement, ou de retard, soit dans le paiement des droits, soit dans le dépôt des états, relevés et déclarations prescrits par les articles précédents, les sociétés, compagnies et entreprises seront passibles de l'amende prononcée par l'art. 10 de la loi du 23 juin 1857 (3), sans préjudice des peines portées par l'art. 39 de la loi du 22 frim. an VII (5), pour omission ou insuffisance de déclaration. — En cas d'omission ou d'insuffisance dans les états, relevés et déclarations, la preuve en sera faite comme en matière d'enregistrement.—Les dispositions du présent article seront applicables aux sociétés, compagnies ou entreprises étrangères, et à leurs représentants.

68

18 juillet 1857 (11e série, n° 4829). — *Déc. impérial qui fixe le nombre, le siège et le ressort des deuxièmes conseils de guerre et des conseils de révision, en exécution des art. 2 et 26 du Code de justice militaire.*

Art. 1er. Il est établi un second conseil de guerre permanent dans les 1re, 2e, 3e, 4e, 5e, 6e, 8e, 9e, 12e et 16e divisions militaires et dans les divisions d'Alger, d'Oran et de Constantine —Le ressort de ce 2e conseil de guerre s'étend sur toute la division. Le général commandant répartit les affaires entre les deux conseils de guerre. — Les deuxièmes conseils de guerre siègent dans les villes indiquées par le tableau ci-annexé.

2. Il y a huit conseils de révision permanents pour toutes les divisions militaires de l'intérieur et de l'Algérie. Ces conseils siègent à Paris, Metz, Lyon, Toulouse, Rennes, Alger, Oran et Constantine. Ils prennent le nom de la ville où ils sont établis. Leur juridiction est fixée conformément au tableau ci-annexé.

3. Dans les divisions où le deuxième conseil de guerre se trouve supprimé, les affaires pendantes sont portées de plein droit, dans l'état d'instruction où elles se trouvent, au conseil unique de la division.

4. Les affaires pendantes devant les conseils de ré-

---

(1) V. Suppl., n. 62.
(2) V. 2e partie, p. 359.

(3) V. Supp., n° 62.
(4) V. 2e part., pag. 386 et 387.
(5) V. 2e part., pag. 361.

vision supprimés sont, de plein droit, déférées au conseil de révision dans le ressort duquel se trouve placée la division où le jugement a été rendu, suivant le tableau ci-annexé.

5. Les archives des deuxièmes conseils de guerre et des conseils de révision supprimés seront versées au greffe du premier conseil de guerre de la division où ces tribunaux avaient leur siége.

6. Les greffiers attachés aux conseils de guerre et aux conseils de révision supprimés sont provisoirement mis à la suite, pour être employés dans les divisions où le besoin s'en fera sentir. — Tous les autres greffiers en exercice, ainsi que les commis-greffiers titulaires, continueront à remplir leurs fonctions jusqu'à la promulgation du règlement d'administration publique, dont il est parlé aux art. 9 et 29 du Code.

Tableau des deuxièmes conseils de guerre et des conseils de révision établis en vertu des articles 2 et 26 du Code de justice militaire.

(Annexe du décret en date de ce jour.)

DEUXIÈMES CONSEILS DE GUERRE.

SIÉGE.	RESSORT.
Paris.	1re division.
Caen.	2e idem.
Lille.	3e idem.
Mézières.	4e idem.
Metz.	5e idem.
Strasbourg.	6e idem.
Lyon.	8e idem.
Toulon.	9e idem.
Toulouse.	12e idem.
Brest.	16e idem.
Alger.	Division d'Alger.
Oran.	— d'Oran.
Bône.	— de Constantine.

CONSEILS DE RÉVISION.

SIÉGE.	RESSORT.
Paris.	1re division. 2e idem. 3e idem.
Metz.	4e idem. 5e idem. 6e idem. 7e idem.

SIÉGE.	RESSORT.
Lyon.	8e idem. 9e idem. 19e idem. 20e idem. 21e idem.
Toulouse.	10e idem. 11e idem. 12e idem. 13e idem. 14e idem. 17e idem.
Rennes.	15e idem. 16e idem. 18e idem.
Alger.	Division d'Alger.
Oran.	— d'Oran.
Constantine.	— de Constantine.

Paris, le 18 juillet 1857.

Le Maréchal de France
Ministre secrétaire d'Etat de la guerre,

Signé : VAILLANT.

69

18 juillet 1857 (11e série, n° 4830). — *Déc. impérial indiquant, selon le grade, le rang ou l'emploi de l'accusé, la composition des tribunaux militaires pour le jugement des divers individus qui, dans l'armée de terre, sont assimilés aux militaires.*

ART. 1er. Lorsqu'il y aura lieu de traduire devant les tribunaux militaires un membre du corps de l'intendance militaire, un médecin, un pharmacien, un officier d'administration, un vétérinaire ou tout autre individu assimilé aux militaires, le conseil de guerre sera composé conformément au tableau annexé au présent décret.

2. La correspondance de grades et de rangs résultant du tableau mentionné dans l'article précédent est toute spéciale à l'action judiciaire devant les tribunaux militaires, et ne modifie en rien les situations telles qu'elles sont respectivement réglées sous les autres rapports, pour ces divers assimilés, par les ordonnances, décrets et règlements en vigueur.

TABLEAU annexé au décret en date de ce jour, indiquant, selon le grade, le rang ou l'emploi de l'accusé, la composition des tribunaux militaires, pour le jugement des divers individus qui, dans l'armée de terre, sont assimilés aux militaires, aux termes des articles 10 et 13 du Code de justice militaire.

DÉSIGNATION des corps.	GRADE OU EMPLOI de l'accusé.	COMPOSITION DES CONSEILS DE GUERRE.	
		Grade du président.	Grades des juges.
Intendance militaire.	Adjoint de 2e classe.	Colonel.	1 lieutenant-colonel. 3 chefs de bataillon, ou chefs d'escadron, ou majors. 2 capitaines.
	Adjoint de 1re classe.	Général de brigade.	2 colonels. 2 lieutenants-colonels. 2 chefs de bataillon, ou chefs d'escadron, ou majors.
	Sous-intendant de 2e cl.	Idem.	4 colonels. 2 lieutenants-colonels.

DÉSIGNATION des corps.	GRADE OU EMPLOI de l'accusé.	COMPOSITION DES CONSEILS DE GUERRE.	
		Grade du président.	Grades des juges.
Intendance militaire (suite).	Sous-intendant de 1re classe.	Général de division.	4 généraux de brigade. 2 colonels.
	Intendant divisionnaire..	Maréchal de France	4 généraux de division. 2 généraux de brigade.
	Intendant général. . . .	Idem.	2 maréchaux de France. 4 généraux de division.
Officiers de santé.	Médecin , pharmacien sous-aide.	Colonel ou lieutenant-colonel. . .	1 chef de bataillon, ou chef d'escadron, ou major. 2 capitaines. 1 lieutenant. 2 sous-lieutenants.
	Médecin, pharmacien aide-major de 2e ou de 1re classe.	Idem.	1 chef de bataillon, ou chef d'escadron, ou major. 3 capitaines. 2 lieutenants.
	Médecin , pharmacien-major de 2e ou de 1re classe.	Colonel.	1 lieutenant-colonel. 3 chefs de bataillon, ou chefs d'escadron , ou majors. 2 capitaines.
	Médecin , pharmacien principal de 2e ou de 1re classe.	Général de brigade.	2 colonels. 2 lieutenants-colonels. 2 chefs de bataillon, ou chefs d'escadron, ou majors.
	Médecin, pharmacien inspecteur.	Maréchal de France.	4 généraux de division. 2 généraux de brigade.
Officiers d'administration militaire du service : 1° des hôpitaux militaires. . 2° des subsistances militaires. . . . . 3° de l'habillement et campement. . . . . 4° de la justice militaire. . 5° des bureaux de l'intendance militaire.	Adjudant en second . . Adjudant en premier. .	Colonel ou lieutenant-colonel. . .	1 chef de bataillon, ou chef d'escadron, ou major. 3 capitaines. 2 lieutenants.
	Officier comptable de 2e classe. . . . . . . Officier comptable de 1re classe.	Colonel.	1 lieutenant-colonel. 3 chefs de bataillon, ou chefs d'escadron, ou majors. 2 capitaines.
	Principal de 2e classe. . Principal de 1re classe.	Général de brigade.	2 colonels. 2 lieutenants-colonels. 2 chefs de bataillon, ou chefs d'escadron, ou majors.
Vétérinaires militaires. . .	Aide-vétérinaire de 2e classe . . . . Aide-vétérinaire de 1re classe.	Colonel ou lieutenant-colonel. . .	1 chef de bataillon, ou chef d'escadron, ou major. 2 capitaines. 1 lieutenant. 2 sous-lieutenants.
	Vétérinaire de 2e classe. Vétérinaire de 1re classe	Idem.	1 chef de bataillon, ou chef d'escadron, ou major. 3 capitaines. 2 lieutenants.
	Vétérinaire principal. .	Colonel.	1 lieutenant-colonel. 3 chefs de bataillon, ou chefs d'escadron, ou major. 2 capitaines.
Gardes { d'artillerie. . . . . du génie. . . . . . des équipages militaires.	Garde de 2e ou de 1re classe. . . . . . . Garde principal.	Colonel ou lieutenant-colonel. . .	1 chef de bataillon, ou chef d'escadron, ou major. 3 capitaines. 2 lieutenants.
Employés divers dans les corps ou établissements militaires.	Maître artificier. . . . . Chef ouvrier d'état. . . Contrôleur principal des manufactures d'armes.	Idem.	1 chef de bataillon, ou chef d'escadron, ou major. 3 capitaines. 2 lieutenants.
	Chef artificier . . . . . Sous-chef ouvrier d'état. Contrôleur de 2e ou 1re classe dans les manufactures, directions ou fonderies.	Idem.	1 chef de bataillon, ou chef d'escadron, ou major. 2 capitaines. 1 lieutenant. 2 sous-lieutenants.

DÉSIGNATION des corps.	GRADE OU EMPLOI de l'accusé.	COMPOSITION DES CONSEILS DE GUERRE.	
		Grade du président.	Grades des juges.
Employés divers dans les corps ou établissements militaires (suite).	Ouvrier d'état. . . . . . Chef armurier de 2e ou 1re classe. . . . . . Gardien de batterie de 2e ou 1re classe. . . . Maître ouvrier immatriculé. . . . . . . Ouvrier immatriculé. . Portier-consigne. . . . Portier concierge, éclusier et tout autre agent y assimilé.	Idem.	1 chef de bataillon , ou chef d'escadron, ou major. 2 capitaines. 1 lieutenant. 1 sous-lieutenant. 1 sous-officier.
Musiques militaires.	Musicien de 3e, 2e ou 1re classe. . . . . . . Musicien sous-chef. . .	Idem.	1 chef de bataillon, ou chef d'escadron, ou major. 2 capitaines. 1 lieutenant. 1 sous-lieutenant. 1 sous-officier.
	Musicien chef.	Idem.	1 chef de bataillon , ou chef d'escadron, ou major. 2 capitaines. 1 lieutenant. 2 sous-lieutenants.
Interprètes militaires. . . .	Interprète de 3e, 2e ou 1re classe . . . . . . Interprète principal. . .	Idem.	1 chef de bataillon, ou chefs d'escadron, ou major. 5 capitaines. 2 lieutenants.
Aumôniers militaires aux armées actives.	Aumônier ordinaire. . .	Colonel.	1 lieutenant-colonel. 3 chefs de bataillon, ou chefs d'escadron, ou majors. 2 capitaines.
	Aumônier chef de service.	Général de brigade.	2 colonels. 2 lieutenants-colonels. 2 chefs de bataillon, ou chefs d'escadron, ou majors.
Enfants de troupe.	(Sans distinction). . . .	Colonel ou lieutenant-colonel. . .	1 chef de bataillon, ou chef d'escadron, ou major. 2 capitaines. 1 lieutenant. 1 sous-lieutenant. 1 sous-officier.

70

18 août 1857 (11e série, n° 4895). — *Déc. impérial qui accorde une médaille commémorative à tous les militaires français et étrangers des armées de terre et de mer qui ont combattu sous les drapeaux de la France de 1792 à 1815.*

71

26 août 1857 (11e série, n° 4913). — *Déc. impérial portant promulgation de la nouvelle convention littéraire conclue, le 2 juillet 1857, entre la France et le grand-duché de Bade.*

72

26 août 1857 (11e série, n° 4914). — *Déc. impérial portant promulgation de la convention conclue, le 2 juillet 1857, entre la France et le grand-duché de Bade, pour la garantie réciproque du droit de propriété industrielle.*

73

18-29 déc. 1790. — *Loi relative au rachat des rentes foncières* (1).

. . . . (2).

TITRE II. — Principes généraux sur le rachat. Art. 1er. Tout propriétaire pourra racheter les

(1) La faculté de rachat de toutes les rentes perpétuelles a été consacrée définitivement par le Code Napoléon; toutefois, l'un de nos abonnés nous ayant fait remarquer que quelques-unes des dispositions de la loi du 29 déc. 1790, notamment celles relatives au remboursement des rentes en nature recevaient encore leur application dans certains départements, nous nous empressons de donner le texte de cette loi qui n'avait pas été d'abord comprise dans notre recueil ; nous commençons ainsi à remplir notre promesse de réparer successivement, au moyen du supplément annuel, les omissions de lois ou décrets réellement utiles qui pourraient nous être signalées.

(2) Les articles supprimés ont cessé d'être applicables et seraient aujourd'hui sans intérêt.

rentes et redevances foncières perpétuelles, à raison d'un fonds particulier, encore qu'il se trouve posséder plusieurs fonds grevés de pareilles rentes envers la même personne, pourvu néanmoins que ces fonds ne soient pas tenus sous une rente ou une redevance foncière solidaire, auquel cas le rachat ne pourra pas être divisé.

2. Lorsqu'un fonds grevé de rente ou redevance foncière perpétuelle, sera possédé par plusieurs copropriétaires, soit divisément, soit par indivis, l'un d'eux ne pourra point racheter divisément ladite rente ou redevance au prorata de la portion dont il est tenu, si ce n'est du consentement de celui auquel la rente ou redevance sera due ; lequel pourra refuser le remboursement total, en renonçant à la solidarité vis-à-vis de tous les coobligés : mais quand le redevable aura fait le remboursement total, il demeurera subrogé aux droits du créancier, pour les exercer contre les codébiteurs, mais sans aucune solidarité ; et chacun des autres codébiteurs pourra racheter à volonté sa portion divisément.

3. Pourront les propriétaires de fonds grevés de rentes ou redevances foncières, traiter avec les propriétaires desdites rentes ou redevances, de gré à gré, à telle somme et sous telles conditions qu'ils jugeront à propos, du rachat desdites rentes ou redevances ; et les traités ainsi faits de gré à gré entre majeurs, ne pourront être attaqués sous prétexte de lésion quelconque, encore que le prix du rachat se trouve inférieur ou supérieur à celui qui aurait pu résulter du taux qui sera ci-après fixé.

4. Les tuteurs, curateurs et autres administrateurs des pupilles, mineurs ou interdits, les grevés de substitutions, les maris dans les pays où les dots sont inaliénables, même avec les consentements des femmes, ne pourront liquider les rachats des rentes ou redevances foncières appartenant aux pupilles, aux mineurs, aux interdits, à des substitutions et auxdites femmes mariées, qu'en la forme et au taux ci-après prescrits, et à la charge du remploi. Le redevable qui ne voudra point demeurer garant du remploi, pourra consigner le prix du rachat, lequel ne sera délivré aux personnes qui sont assujetties au remploi, qu'en vertu d'une ordonnance du juge, rendue sur les conclusions du commissaire du roi, auquel il sera justifié du remploi.

5 à 10. . . . . (1).

11. Les tuteurs, curateurs et autres administrateurs désignés dans l'art. 6 ci-dessus, pourront liquider à l'amiable, et sans être obligés de recourir à des estimations par experts, les rachats des rentes foncières appartenantes aux personnes soumises à leur administration, à la charge que leurs évaluations seront faites par articles séparés, lorsque les rentes seront composées de redevances de diverses quotités et natures, et que chacun des articles indiquera la conformité de l'évaluation avec le mode et le taux ci-après prescrits. Pourront en outre lesdits administrateurs qui voudront se mettre à l'abri de toutes recherches personnelles de la part de ceux soumis à leur administration, faire approuver lesdites liquidations par un avis de parents.

12 à 15. . . . . (1).

TITRE III. — Modes et taux du rachat.

Art. 1. Lorsque les parties auxquelles il est libre de traiter de gré à gré, ne pourront point s'accorder sur le prix du rachat des rentes ou redevances foncières, le rachat sera fait suivant les règles et le taux ci-après.

2. Le rachat des rentes et redevances foncières originairement créées irrachetables et sans aucune évaluation du capital, seront remboursables ; savoir, celles en argent sur le pied du denier vingt, et celles en nature de grains, volailles, denrées, fruits de récolte, service d'hommes, chevaux ou autres bêtes de somme et de voitures, au denier vingt-cinq de leur produit annuel, suivant les évaluations qui en seront ci-après faites. Il sera ajouté un dixième auxdits capitaux, à l'égard des rentes qui auront été créées sous la condition de la non-retenue de dixième, vingtième et autres impositions royales.

3. A l'égard des rentes et redevances foncières originairement créées rachetables, mais qui sont devenues irrachetables avant le 4 août, par l'effet de la prescription, le rachat s'en fera sur le capital porté au contrat, soit qu'il soit inférieur ou supérieur aux deniers ci-dessus fixés.

4. « Dans les pays où il est d'usage, soit dans les « baux à rente, soit dans les locateries perpétuelles, « d'interdire au preneur la coupe des bois de haute- « futaie et de la réserver au bailleur, ou d'assujettir « le preneur à en rembourser la valeur au bailleur, « celui-ci conservera le droit de couper lesdits bois « lorsqu'ils seront parvenus à leur maturité, si mieux « il n'aime consentir d'en recevoir la valeur actuelle, « suivant l'estimation qui en sera faite par experts ou « à l'amiable, auquel cas le preneur sera tenu de rem- « bourser au bailleur le prix desdits bois, outre le « capital fixé par l'article 2 ci-dessus, pour le rachat « de la vente.

5. « Lorsque les baux à rente ou emphytéose per- « pétuelle et non seigneurale, contiendront la condi- « tion expresse imposée au preneur et à ses succes- « seurs, de payer au bailleur un droit de lods ou au- « tre droit casuel quelconque en cas de mutation, et « dans les pays où la loi assujettit les détenteurs aux- « dits titres de bail à rente ou emphytéose perpé- « tuelle et non seigneuriale, à payer au bailleur des « droits casuels aux mutations, le possesseur qui vou- « dra racheter la rente foncière ou emphytéotique, « sera tenu, outre le capital de la rente indiquée en « l'art. 2 ci-dessus, de racheter les droits casuels dûs « aux mutations ; et ce rachat se fera aux taux pre- « scrits par le décret du 3 mai, pour le rachat des « droits pareils ci-devant seigneuriaux, selon la quo- « tité et la nature du droit qui se trouvera dû par la « convention ou suivant la loi. »

6. L'évaluation du produit annuel des rentes et redevances foncières, non stipulées en argent, mais payables en nature de grains, denrées, fruits de récolte ou service d'homme, bêtes de somme ou voitures, se fera d'après les règles et les distinctions ci-après.

7. A l'égard des redevances en grains, il sera formé une année commune de leur valeur, d'après le prix des grains de même nature, relevé sur les registres du marché du lieu où se devait faire le paiement, ou du marché plus prochain, s'il n'y en a pas dans le lieu. Pour former l'année commune, on prendra les 14 années antérieures à l'époque du rachat ; on retranchera les deux plus fortes et les deux plus faibles, et l'année commune sera formée sur les dix années restantes.

8. Il en sera de même pour les redevances en volailles, agneaux, cochons, beurre, fromage, cire et autres denrées, dans les lieux où leur prix est porté dans les registres des marchés.— A l'égard des lieux où il n'est point d'usage de tenir de registre du prix des ventes de ces sortes de denrées, l'évaluation des rentes de cette espèce, sera faite d'après le tableau estimatif qui en aura été formé en exécution de l'article 15 du décret du 3 mai, par le directoire du district du lieu où devait se faire le paiement ; lequel tableau servira pendant l'espace de dix années, de taux pour l'estimation du produit annuel desdites re-

---

(1) Les articles supprimés ont cessé d'être applicables et seraient aujourd'hui sans intérêt.

devances; le tout sans déroger aux évaluations portées par les titres, coutumes et règlements.

9. A l'égard des rentes et redevances foncières stipulées en service de journées d'hommes, de chevaux, bêtes de travail et de somme, ou de voitures, l'évaluation s'en fera pareillement d'après le tableau estimatif qui en aura été formé en exécution de l'art. 16 du décret du 3 mai, par le directoire du district du lieu où devaient se faire lesdits services, lequel tableau servira pareillement pendant l'espace de dix années pour l'estimation du produit annuel desdites redevances, le tout sans déroger aux évaluations portées par les titres, coutumes ou règlements.

10. Quant aux rentes et redevances foncières qui consistent en une certaine portion des fruits récoltés annuellement sur les fonds, il sera procédé par des experts que les parties nommeront, ou qui seront nommés d'office par le juge, à une évaluation de ce que le fonds peut produire en nature dans une année commune. La quotité de la redevance annuelle sera ensuite fixée dans la proportion de l'année commune du fonds, et ce produit annuel sera évalué en la forme prescrite par l'article ci-dessus, pour l'évaluation des rentes en grains.

11. Dans tous les cas où l'évaluation du produit annuel de la rente pourra donner lieu à une estimation d'experts, si le rachat a lieu entre parties qui aient la liberté de traiter de gré à gré, le redevable pourra faire au propriétaire de la rente, par un acte extra-judiciaire, une offre réelle d'une somme déterminée : en cas de refus d'accepter l'offre, les frais de l'expertise qui deviendra nécessaire, seront supportés par celui qui aura fait l'offre, ou par le refusant, selon que l'offre sera jugée suffisante ou insuffisante.

12. L'offre se fera au domicile du créancier, lorsque la rente sera portable, et lorsqu'elle sera quérable, au domicile que le créancier aura ou sera tenu d'élire dans le délai de trois mois, à compter du jour de la publication du présent décret, dans le ressort du district du lieu où la rente devait être payée ; et à défaut d'élection, à la personne du commissaire du roi du district.

13. Si l'offre mentionnée en l'article ci-dessus est faite à un tuteur, à un grevé de substitution, ou à d'autres administrateurs qui n'ont point la liberté de traiter de gré à gré, les administrateurs pourront employer en frais d'administration ceux de l'expertise, si elle a été ordonnée par l'avis de parents ou par le directoire, lorsqu'ils auront été jugés devoir rester à leur charge.

14. Tout redevable qui voudra racheter la rente ou redevance foncière dont son fonds est grevé, sera tenu de rembourser avec le capital du rachat, tous les arrérages qui se trouveront dus, tant pour les années antérieures, que pour l'année courante, au prorata du temps qui sera écoulé depuis la dernière échéance jusqu'au jour du rachat.

15. A l'avenir, les rentes et redevances énoncées aux articles 9 et 10 ci-dessus, ne s'arréreront point, même dans les pays où le principe contraire avait lieu, si ce n'est qu'il y ait eu demande suivie de condamnation. Les rentes qui consistent en service de journées d'hommes, de chevaux et autres services énoncés en l'article 9 ci-dessus, ne pourront pas non plus être exigées en argent, mais en nature seulement, si ce n'est qu'il y ait eu demande suivie de condamnation. En conséquence, il ne sera tenu compte lors du rachat desdites rentes ou redevances, que de l'année courante, laquelle sera alors évaluée en argent, au prorata du temps qui sera écoulé depuis la dernière échéance jusqu'au jour du rachat.

TITRE IV. — De l'effet de la faculté du rachat relativement aux droits seigneuriaux.

Art. 1er. « Dans les pays et les cas où le rachat « des rentes foncières créées irrachetables, donnait « ouverture à des droits de lods et ventes, et dans « ceux où les baux à rente foncière rachetable, ainsi « que la vente du fonds, à la charge de la rente ra- « chetable, donnaient ouverture auxdits droits, » les propriétaires des ci-devants fiefs ne pourront point exiger de droits de lods et ventes, sous prétexte de la faculté qui a été accordée par le décret du 4 août, et qui est confirmée par le présent décret, de racheter les rentes foncières créées irrachetables. Lesdits droits de lods et ventes ne pourront être exigés que lors du remboursement effectif desdites rentes, et dans le cas où les droits casuels n'en auraient point été rachetés avant ledit remboursement, sauf aux propriétaires des ci-devant fiefs à se faire payer des droits accoutumés, soit dans le cas de mutation ou d'aliénation des fonds, soit dans le cas de mutation ou d'aliénation des rentes, tant que lesdites rentes n'auront point été remboursées, ou que le rachat desdits droits casuels n'aura point été fait.

2. Les dispositions de l'article précédent auront lieu à l'égard des rentes foncières originairement créées rachetables, mais devenues irrachetables par convention ou prescription.

3. « A l'égard des rentes foncières rachetables, créées avant le décret du 4 août 1789, et à l'égard desquelles la faculté du rachat n'était point éteinte, on suivra les anciens usages établis par les différentes lois, coutumes et statuts qui régissaient les fonds grevés de ces sortes de rentes. — Et quant à celles créées depuis le 4 août 1789, ou qui pourront l'être par la suite, les lods et ventes ne pourront être perçus par les possesseurs des ci-devant fiefs, que lors du rachat desdites rentes, nonobstant tous usages et coutumes à ce contraires. — Ne pourra néanmoins le présent article former attribution de droits dans les pays où le rachat des rentes foncières était exempt de lods et ventes. »

4. Il sera libre au propriétaire du fonds grevé de rente foncière, de racheter les droits casuels ci-devant seigneuriaux, soit à raison seulement de la valeur de son fonds, déduction faite de la valeur de la rente, soit à raison de la valeur totale du fonds sans déduction de la rente.

5. Le propriétaire de la rente pourra racheter les droits casuels ci-devant seigneuriaux, à raison de la valeur de la rente seulement, encore que le propriétaire du fonds n'ait point racheté ou ne veuille point racheter lesdits droits, eu égard à la valeur de son fonds.

6. Si le propriétaire du fonds n'a racheté les droits casuels qu'eu égard à la valeur du fonds, le propriétaire desdits droits casuels pourra les exercer en cas de mutation ou d'aliénation de la rente, à raison seulement de la valeur de ladite rente ; et réciproquement si le propriétaire de la rente a seul racheté les droits casuels, eu égard à la rente, le propriétaire desdits droits casuels pourra les exercer en cas de mutation ou d'aliénation du fonds, à raison du fonds seulement.

7. Si le propriétaire du fonds rembourse la rente dont il est grevé avant d'avoir racheté les droits casuels du fonds et de la rente, il demeurera à l'avenir assujetti auxdits droits jusqu'au rachat d'iceux, à raison de la valeur totale du fonds, nonobstant le paiement qu'il aura fait des droits, à raison du remboursement de la rente.

8. Les dispositions des art. 4, 5, 6 et 7 ci-dessus, n'auront lieu que dans les pays dans lesquels la vente ou la mutation du fonds, ainsi que la vente ou la mutation de la rente, donnaient lieu séparément aux droits de vente et autres droits casuels, et non dans les pays dans lesquels la mutation de la rente ne donnait lieu à aucun de ces droits qui étaient payés par le seul possesseur du fonds, en cas de mutation de sa part, à raison de la totalité de la valeur du fonds, abstraction faite de la rente.

9. Si le propriétaire du fonds a racheté les droits casuels, tant à raison des fonds que de la rente, audit cas il demeurera subrogé de plein droit au droit du ci-devant propriétaire du fief dont les fonds étaient mouvants, tant pour la perception des droits casuels, en cas de mutation ou d'aliénation de la rente, que pour la perception du prix du rachat des droits casuels, lorsqu'il sera offert par le propriétaire de la rente.

10. Tout propriétaire de fonds grevés de rente foncière et sujette aux droits en cas de mutation, qui remboursera la rente avant que le rachat des droits casuels en ait été fait, sera tenu de faire enregistrer la quittance de remboursement, et de la dénoncer au propriétaire du ci-devant fief dont son fonds relevait, dans les trois mois du remboursement, à peine d'être condamné au double du droit dont il se trouvera débiteur, en conséquence dudit remboursement.

TITRE V. — DE L'EFFET DE LA FACULTÉ DU RACHAT VIS-A-VIS DU PROPRIÉTAIRE DE LA RENTE ET DU DÉBITEUR.

Art. 1ᵉʳ. La faculté du rachat accordée aux débiteurs des rentes foncières ne dérogera en rien aux droits, privilèges et actions qui appartenaient ci-devant aux bailleurs de fonds, soit contre les preneurs personnellement, soit sur les fonds baillés à rente ; en conséquence, les créanciers bailleurs de fonds continueront d'exercer les mêmes actions hypothécaires personnelles ou mixtes qui ont eu lieu jusqu'ici, et avec les mêmes privilèges qui leur étaient accordés par les lois, coutumes, statuts et jurisprudence, qui étaient précédemment en vigueur dans les différents lieux et pays du royaume.

2. Néanmoins la disposition particulière de l'art. 8 du chap. 18 de la coutume de la ville et échevinage de Lille est abrogée, à compter du jour de la publication du présent décret, sauf aux propriétaires des rentes foncières, régies par cette coutume, à exercer pour le paiement des arrérages les autres actions et privilèges autorisés par le droit commun et par ladite commune.

3. La faculté de racheter les rentes foncières ne changera pareillement rien à leur nature immobilière, ni quant à la loi qui les régissait ; en conséquence, elles continueront d'être soumises aux mêmes principes, lois et usages que ci-devant, quant à l'ordre des successions, et quant aux dispositions entre-vifs et testamentaires, et aux aliénations à titre onéreux.

4. Les baux à rente faits sous la condition expresse de pouvoir par le bailleur, ses héritiers et ayants cause, retirer le fonds en cas d'aliénation d'icelui par le preneur, ses héritiers et ayants cause, demeureront dans toute leur force, quant à cette faculté de retrait qui pourra être exercée par le bailleur, tant que la rente n'aura point été remboursée avant la vente du fonds.

5. Aucun bailleur de fonds à rente foncière ne pourra exercer le retrait énoncé en l'article ci-dessus, si le bail à rente n'en contient la stipulation expresse, nonobstant toute loi ou usage contraire, et notamment nonobstant l'usage admis en Bretagne, sous le titre de *retrait censuel*, lequel n'était point seigneurial, et lequel est et demeure aboli à compter du jour de la publication du présent décret.

6. Est et demeure pareillement abolie à compter du jour de la publication du présent décret, la faculté que les coutumes de Hainaut, Valenciennes, Cambrai, Arras, Béthune, Amiens, Normandie et autres semblables accordaient ci-devant aux débiteurs de rente foncière rachetable, de la retraire en cas de vente d'icelle.

TITRE VI. — DE L'EFFET DE LA FACULTÉ DU RACHAT VIS-A-VIS DES CRÉANCIERS DU BAILLEUR.

Art. 1ᵉʳ. La faculté du rachat des rentes foncières, ne changera rien aux droits que les lois, coutumes et usages donnaient sur icelles aux créanciers hypothécaires des bailleurs, lesquels continueront à les exercer comme par le passé, sauf les modifications ci-après.

2. Dans les pays où les rentes foncières ont suite par hypothèque, les créanciers hypothécaires qui voudront conserver leur hypothèque sur les rentes foncières, soit en cas de remboursement d'icelles, seront tenus de former leur opposition au greffe des hypothèques du ressort du lieu de la situation des fonds grevés desdites rentes, sans préjudice de l'opposition qu'ils pourront en outre former entre les mains du débiteur au remboursement ; mais cette dernière opposition ne pourra donner aucun droit de concurrence vis-à-vis des opposants au greffe des hypothèques, et néanmoins le prix du remboursement sera distribué par ordre d'hypothèque entre les simples opposants entre les mains du débiteur, après que les opposants au sceau des lettres de ratification auront été payés.

3. Dans les pays où l'édit de 1771 n'a point d'exécution, l'opposition à l'effet de conserver l'hypothèque, sera faite au greffe du tribunal du district du ressort de la situation du fonds grevé de la rente, et il sera payé au greffier du district le même droit que celui établi par l'édit de 1771.

4. Les créanciers qui formeront les oppositions générales désignées dans les art. 2 et 3 ci-dessus, ne seront point obligés de les renouveler tous les trois ans ; lesdites oppositions dureront trente ans, dérogeant, quant à ce seulement, à l'édit de juin 1771.

5. Dans les pays où les rentes ont suite par hypothèque, les débiteurs de rente foncière n'en pourront effectuer le remboursement qu'après s'être assurés qu'il n'existe aucune opposition enregistrée au greffe des hypothèques, ou au greffe du district dans les lieux où l'édit de 1771 n'est point en vigueur.—Dans les cas où il existerait une ou plusieurs oppositions, ils s'en feront délivrer un extrait qu'ils dénonceront au propriétaire sur lequel elle sera formée, sans pouvoir faire aucune procédure ni se faire autoriser à consigner que trois mois après la dénonciation dont ils pourront répéter les frais, ainsi que ceux de l'extrait des opposants.—Les intérêts cesseront à compter du jour de la dénonciation, lorsque la consignation ou le paiement aura été exécuté huitaine après l'expiration des trois mois.

6. Pourront les parties liquider le remboursement de la rente et en opérer le paiement en tel lieu qu'ils jugeront à propos. Les paiements opérés hors du lieu du domicile des parties ou du lieu de la situation de l'héritage, et qui auront été faits d'après un certificat qu'il n'existait point d'opposition, délivré par le greffier qui en aura le droit, seront valables nonobstant les oppositions survenues depuis, pourvu que la quittance ait été enregistrée dans le mois de la date du certificat ci-dessus énoncé.

<hr>

74

L'art. 275 de la loi du 9 juin 1857, contenant le Code de justice militaire pour l'armée de terre, a abrogé toutes les dispositions législatives et réglementaires relatives à l'organisation, à la compétence, à la procédure des tribunaux militaires, ainsi qu'à la pénalité en matière de crimes et de délits militaires, mais seulement en ce qui concerne l'armée de terre. Toutes les lois relatives à l'armée de mer restent en vigueur, sauf certaines dispositions pénales; en effet. aux termes de l'art. 277 de la loi du 9 juin 1857, les conseils de guerre maritimes permanents doivent appliquer les peines prononcées par le livre IV du Code militaire dans les cas qui y sont prévus.

Les dispositions, qui se trouvent modifiées par l'art. 277 sont celles contenues :

1° Dans le titre 2 de la loi du 22 août 1790 (1);

2° Dans le titre 3 de la loi du 20 sept. et 12 oct. 1791 (2);

3° Dans les titres 3, 4, 5, 7 et 9 de l'arrêté du 5 germ. an XII (3) ;

4° Dans le titre 5 du décret du 12 nov. 1806 (4);

------

(1) V. 5e partie, p. 387.
(2) V. 5e partie, p. 392.
(3) V. 5e partie, p. 374 et 375.
(4) V. 5e partie, p. 381.

5° Dans le décret du 4 mai 1812 (5).

75

RECTIFICATIONS (*).

3e partie, p. 6. L'accolade comprend à tort l'art. 6 du Code de commerce, car cet article n'est pas abrogé par la loi du 17 juillet 1856 (V. *Supp.*, n° 31).

4e partie, p. 13. L'accolade comprend à tort l'art. 131 du Code d'instruction criminelle, car le n° 34 du Supplément ne s'applique pas à cet article.

------

(5) V. 5e partie, p. 403.

(*) Deux erreurs nous ayant été signalées, nous nous empressons de les indiquer à nos abonnés.

TABLE CHRONOLOGIQUE.

Supplément. — Année 1857.

DATES.	TITRES DES LOIS.	NUMÉROS du Supplément	DATES.	TITRES DES LOIS.	NUMÉROS du Supplément
	1790			**1857**	
18-20 déc.	Loi relative au rachat des rentes foncières.	73	6 juin.	D. Établissement thermal de Plombières (prom. le 12 juin 1857).	56
	1856		6 —	L. Enregistrement (prom. le 13 juin 1857).	57
23 oct.	D. Cour des comptes (promulgué le 9 nov. 1856). . . .	42	9 —	L. Banque de France (prom. le 10 juin 1857).	58
15 nov.	D. Légion d'honneur (promulgué le 1er déc. 1856). . .	43	—	L. Code de justice militaire (prom. le 4 août 1857). .	59
1er déc.	D. Propriété littéraire (prom. le 6 déc. 1856).	44	19 —	L. Crédit foncier de France (prom. le 25 juin 1857). . .	60
30 —	D. Décentralisation administrative en Algérie (prom. le 25 janv. 1857).	45	—	L. Landes de Gascogne (prom. le 25 juin 1857).	61
	1857		23 —	L. de finances (promulgué le 27 juin 1857)	62
6 janv.	D. Organisation judiciaire de La Réunion (prom. le 14 mars 1857).	46	23 —	L. Marques de fabrique (prom. le 27 juin 1857).	63
24 —	D. Extradition (promulgué le 28 janv. 1857).	47	2 juill.	L. Juges suppléants (prom. le 10 juill. 1857).	64
26 —	D. Commandement des bâtiments de commerce (prom. le 27 mars 1857). . . .	48	14 —	L. Balances-bascules (prom. le 29 juill. 1857).	65
28 —	D. Inscription maritime (prom. le 6 mars 1857)	49	17 —	D. Banque de France (prom. le 28 juill. 1857).	66
29 avril.	D. Colonies (prom. le 12 mai 1857).	50	—	D. Droit de transmission sur les actions et obligations des sociétés, compagnies et entreprises françaises ou étrangères (promulg. le 28 juill. 1857)	67
20 mai.	D. Conseil consultatif des arts et manufactures (prom. le 6 juin 1857).	51	18 —	D. Conseils de guerre et conseils de révision (prom. le 4 août 1857).	68
—	D. Organisation de la justice musulmane au Sénégal (promulgué le 6 juin 1857). .	52	—	D. Tribunaux militaires (prom. le 4 août 1857).	69
27 —	S.-C Qui modifie l'art. 55 de la Constitution (prom. le 28 mai 1857).	53	18 août.	D. Médaille de Sainte-Hélène (promulgué le 1er septemb. 1857).	70
29 —	D. Fixation du nombre des députés (prom. le 8 juin 1857).	54	26 —	D. Propriété littéraire (prom. le 7 sept. 1857)	71
—	D. Circonscriptions électorales (prom. le 8 juin 1857). . .	55	—	D. Propriété industrielle (promulgué le 7 sept. 1857). .	72

Paris.—Imprimerie de Cosse et J. Dumaine, rue Christine, 2.